Soraia Pena e
Ivan Sant´Ana Rabelo
(organizadores)

CULTURA SÃ EQUIPE **FORTE**

Estratégias Práticas para Fortalecer sua Equipe, Nutrir uma Cultura Organizacional Saudável e Alcançar Melhores Resultados

NILAPRESS Artesã

Dados Internacionais de Catalogação na Publicação (CIP)

P397c **Pena**, S.; **Rabelo**, I. S. (org.).

Cultura Sã, Equipe Forte: estratégias práticas para fortalecer sua equipe, nutrir uma cultura organizacional saudável e alcançar melhores resultados / Organizadores: Soraia Pena e Ivan Sant'Ana Rabelo; Prefácio de Iris Pereira Barbosa Barreira. -- 1. ed. -- São Paulo, SP : NilaPress Editora, 2024.
216 p.; il.; gráfs.; tabs.; multimídia; 14 x 21 cm.

Inclui bibliografia.
ISBN 978-85-94094-33-9.

1. Administração. 2. Cultura Organizacional. 3. Psicologia. 4. Recursos Humanos. 5. Saúde Mental. I. Título. II. Assunto. III. Organizadores.

CDD 155.904'
CDU 159.91

ÍNDICE PARA CATÁLOGO SISTEMÁTICO

1. Psicologia Organizacional: Clima organizacional.

2. Medicina Ocupacional: Saúde mental.

1ª EDIÇÃO: 2024
EDITOR-CHEFE: INGO BERND GUNTERT
DIRETORA DE PUBLICAÇÃO: DRA. SAIDY KAROLIN MACIEL
PROJETO EDITORIAL E REVISÃO: DENÍLSON LUÍS
PROJETO GRÁFICO E DIAGRAMAÇÃO: MAICON SANTOS
CAPA: JUNIOR SANTOS

SUMÁRIO

PREFÁCIO 5

CAPÍTULO 1

Da Cultura Tóxica e Fraca à Cultura Forte e Saudável: Alinhando Cultura e Performance 9

CAPÍTULO 2

Gestão da Cultura e da Identidade Organizacional: com Emoção ou sem Emoção? 33

CAPÍTULO 3

Liderança Humanizada: Desenvolvendo Competências que Engajam e Inspiram uma Cultura de Alto Desempenho 49

CAPÍTULO 4

Colaboração Criativa 71

CAPÍTULO 5

Construindo uma Cultura Organizacional com Segurança Psicológica: Fortalecendo o Ambiente de Trabalho para o Crescimento Coletivo 95

CAPÍTULO 6

Conexão de Gerações: Unindo Experiência e Inovação para uma Cultura Sã 109

CAPÍTULO 7
Além do Salário: Criando um Sistema de Reconhecimento que Engaja e Fortalece a Cultura Organizacional **127**

CAPÍTULO 8
Cultura Inclusiva: por onde Começar? **145**

CAPÍTULO 9
Adaptação Cognitiva às Mudanças Organizacionais: como a TCC Pode Facilitar a Adaptação Positiva às Mudanças na Cultura Organizacional **169**

CAPÍTULO 10
Atmosfera do Trabalho Ético: a Sutil Simbiose entre Integridade, ESG e a Cultura Organizacional **187**

PREFÁCIO

Ao longo dos meus mais de 36 anos liderando as áreas de treinamento, desenvolvimento e educação em duas das marcas mais valiosas do mundo, McDonald's e Apple, aprendi que o sucesso de uma organização vai muito além de seus produtos ou estratégias de mercado. O verdadeiro diferencial de uma empresa está em sua cultura organizacional e na forma como ela desenvolve e engaja suas equipes. Tanto no McDonald's quanto na Apple, testemunhei como uma cultura forte e uma equipe bem treinada podem transformar não apenas o desempenho de uma organização, mas também o impacto que ela tem no mundo.

Essa experiência me ensinou que, independentemente do setor ou do tamanho da empresa, criar um ambiente que valorize o desenvolvimento humano, a colaboração e o bem-estar dos colaboradores é fundamental para alcançar resultados sustentáveis. E é exatamente essa visão que me conectou ao tema deste livro, pois, em um mundo corporativo em constante transformação, o sucesso de uma organização está diretamente ligado à sua cultura e à força de suas equipes. "Cultura Sã, Equipe Forte" mergulha profundamente nesse tema essencial, oferecendo uma abordagem prática e estratégica para líderes e gestores que buscam transformar suas empresas em ambientes saudáveis, inclusivos e de alta performance.

A cultura organizacional, muitas vezes vista como um conceito abstrato, é o alicerce que sustenta o comportamento de uma equipe, molda as decisões e impacta diretamente os resultados de uma empresa. Este livro explora como as organizações podem, de maneira consciente, construir e fortalecer essa cultura, tornando-a um motor para o engajamento e o desempenho sustentável.

Ao longo da obra, os leitores são convidados a refletir sobre temas como a liderança humanizada, a importância da colaboração criativa, o poder do reconhecimento, e como a segurança psicológica pode ser a chave para liberar o potencial criativo de cada colaborador. Mais do que uma simples troca de ideias, este livro propõe práticas tangíveis que podem ser aplicadas no cotidiano das organizações, ajudando a transformar desafios em oportunidades de crescimento.

Uma das mensagens mais poderosas da obra é que, em tempos de incerteza e rápidas mudanças, a cultura de uma organização não é apenas um reflexo de sua liderança, mas também uma ferramenta ativa de transformação. A maneira como líderes cuidam de suas equipes, criam espaços inclusivos e promovem a comunicação transparente é o que distingue organizações fortes e resilientes.

Vale a reflexão de que uma cultura organizacional forte não é construída apenas por regras ou políticas, mas pelas interações diárias que inspiram confiança, colaboração e inovação. Equipes saudáveis são a base de organizações resilientes e preparadas para o futuro.

"Cultura Sã, Equipe Forte" oferece um guia claro para construir culturas organizacionais que promovem não apenas a produtividade, mas o bem-estar e a satisfação dos colaboradores. Ao enfatizar a importância da adaptação às mudanças, o livro nos lembra que a verdadeira inovação começa nas pessoas, e que cuidar da cultura é o primeiro passo para qualquer organização que queira prosperar no futuro.

Hoje, mesmo estando fora da rotina do mundo corporativo, minha atuação como conselheira, palestrante e voluntária em institutos voltados para a ampliação da diversidade, equidade e inclusão me faz enxergar ainda mais claramente que equipes saudáveis são fundamentais não apenas nas empresas, mas em todos os espaços. Elas são a base para construirmos uma sociedade mais justa, colaborativa e humana.

Iris Pereira Barbosa Barreira
Vice-presidente
Instituto Pactuá

CAPÍTULO 1

Da Cultura Tóxica e Fraca à Cultura Forte e Saudável:

Alinhando Cultura e Performance

Taís Guedes

O verdadeiro poder de uma organização reside em sua cultura organizacional. Transformar uma cultura tóxica e fraca em uma cultura forte e saudável promove o alinhamento perfeito entre cultura e performance, traçando o caminho para organizações do futuro.

Quem nunca sonhou em trabalhar em um lugar onde a cultura da empresa é saudável, amigável, e onde as pessoas se sentem verdadeiramente pertencentes? Um ambiente onde os colaboradores não apenas amam o que fazem, mas também se sentem valorizados, respeitados e parte integrante de um todo maior. Este capítulo é um guia para transformar a cultura organizacional da sua empresa, criando um espaço onde a colaboração, a inovação e a motivação prosperam. Através de estratégias comprovadas e exemplos inspiradores, você descobrirá como construir uma cultura forte que impulsiona o sucesso e a satisfação dos funcionários, resultando em uma empresa mais competitiva e bem-sucedida. Prepare-se para embarcar em uma jornada de transformação que irá revolucionar a forma como você vê e gerencia a cultura organizacional.

Para entendermos melhor o tema, vamos explorar o fascinante mundo da cultura organizacional através de um dos maiores estudos já realizados na área, conduzido por Geert Hofstede, uma das grandes referências nesse campo. Na década de 1970, a IBM enfrentava o desafio de padronizar sua cultura organizacional em suas diversas unidades ao redor do mundo. Para enfrentar esse desafio, a empresa contratou Hofstede, que utilizou metodologias científicas para realizar um diagnóstico cultural abrangente. Nesse estudo seminal, mais de 116 mil questionários foram aplicados em 50 países diferentes, envolvendo funcionários da IBM para entender as diferenças culturais que influenciam o ambiente de trabalho.

Hofstede desenvolveu um modelo de dimensões culturais que se tornou um marco na pesquisa organizacional. Dentre várias descobertas, a pesquisa revelou que a cultura local tem um peso muito maior do que a própria cultura organizacional, destacando a importância de considerar o contexto cultural onde a empresa está inserida.

Uma das descobertas mais significativas de Hofstede foi que as práticas e valores de uma organização são profundamente influenciados pela cultura nacional. Por exemplo, em países com alta distância de poder, as hierarquias são mais acentuadas, enquanto em países com baixa distância de poder, as relações tendem a ser mais igualitárias. Isso significa que, para uma empresa multinacional como a IBM, a implementação de uma cultura organizacional padronizada deveria levar em conta essas variações culturais (Hofstede, 1980).

Uma cultura organizacional forte e clara pode contrabalançar as influências da cultura local, mas isso requer um esforço consciente para desenvolver e manter valores e práticas consistentes dentro da organização. Esse estudo desenvolvido na IBM continua a ser uma referência essencial para empresas que buscam entender e gerenciar a diversidade cultural em suas operações globais.

Compreender a cultura organizacional e suas interações com o cenário dinâmico do mundo do trabalho contemporâneo é essencial para o sucesso de qualquer organização, por isso é fundamental adaptar práticas organizacionais às realidades culturais específicas de cada localidade, bem como às mudanças contínuas que estão ocorrendo. Uma referência que reforça a importância de entender a cultura organizacional é o estudo anual realizado pela Gallup, um instituto de referência em pesquisa no contexto organizacional. Esse levantamento anual sobre o ambiente de trabalho global é considerado a voz dos trabalhadores no mundo e confirma tendências preocupantes. De acordo com a Gallup, o nível de engajamento dos funcionários nas organizações é alarmantemente baixo. A pesquisa revela que apenas uma pequena porcentagem dos trabalhadores está profundamente comprometida com suas funções. Em 2009, apenas 12% dos funcionários estavam engajados, um número que, apesar de ter subido, ainda alcançou apenas 23% no ponto mais alto registrado até agora.

O estudo da Gallup mostra que mais de 70% dos trabalhadores, precisamente 77%, estão desengajados em suas profissões. Isso significa que a maioria dos funcionários não está emocionalmente comprometida com o negócio, o que representa um grande desafio para as organizações. O engajamento, definido como um compromisso emocional com a empresa, é crucial para o fortalecimento da cultura organizacional e para o alcance dos resultados desejados. Funcionários desengajados não têm a "dor do dono", ou seja, não se sentem responsáveis pelo sucesso da empresa e, consequentemente, não contribuem para a construção de uma cultura forte e coesa.

Estudos mostram que um ambiente que promove o engajamento dos funcionários resulta em maior comprometimento e satisfação no trabalho (Cameron & Quinn, 2011). Funcionários engajados são mais propensos a superar expectativas e contribuir com novas ideias. De acordo com a Gallup, funcionários engajados estão profundamente envolvidos e entusiasmados com seu trabalho, resultando em maior produtividade e inovação. No entanto, a organização também identifica dois outros grupos: os desengajados e os ativamente desengajados. Funcionários desengajados são aqueles que, embora presentes fisicamente, estão mentalmente desconectados do trabalho. Eles cumprem suas tarefas mínimas sem paixão ou energia, o que impacta negativamente o moral e o desempenho geral da equipe. Por outro lado, os funcionários ativamente desengajados não apenas estão desconectados, mas também demonstram insatisfação ativa, prejudicando o ambiente de trabalho e a produtividade dos colegas. Considerando os números atuais, o cenário do mundo do trabalho apresenta um grande desafio para as organizações que buscam fortalecer sua cultura organizacional e alcançar resultados excepcionais.

Associado a esse contexto, surge um movimento chamado "A Grande Resignação" ou "*The Great Resignation*", termo cunhado por Anthony Klotz em 2021 para descrever um fenômeno em que um número significativo de trabalhadores decidiu deixar seus empregos sem ter uma nova posição em vista. Em 2021, pesquisas científicas já previam esse fenômeno, que ganhou força rapidamente. Trabalhadores de várias indústrias começaram a abandonar seus empregos simplesmente porque a permanência já não fazia mais sentido para eles, mesmo sem ter outra ocupação planejada. Esse movimento, que começou na China, rapidamente se espalhou pela Europa, Estados Unidos e, conforme previsto, chegou ao Brasil. Segundo pesquisas realizadas em 2023 pela Gallup, mais de 51% dos trabalhadores expressaram a intenção de deixar seus empregos nos próximos meses, mesmo sem ter outra oportunidade garantida. Isso indica um cenário global de descontentamento e falta de engajamento, exacerbado por uma falta de identidade e cultura organizacional forte.

O desafio no entendimento do cenário global de trabalho, especialmente no contexto brasileiro, é potencializado por questões relacionadas à saúde mental no trabalho, que inclusive tem se tornado um dos maiores desafios para líderes e profissionais de RH. Uma cultura organizacional tóxica pode intensificar problemas de saúde mental, enquanto uma cultura saudável pode proporcionar um ambiente de conforto e segurança psicológica.

De acordo com a *International Stress Management Association* (ISMA) e a Organização Mundial de Saúde (OMS), 9 em cada 10 trabalhadores brasileiros sofrem de sintomas de ansiedade, desde níveis leves até incapacitação. Além disso, 9,3% da população brasileira é considerada ansiosa, representando cerca de 18 milhões de pessoas. Os dados do INSS de 2018 indicaram que doenças mentais, como reações ao estresse grave, episódios depressivos e quadros ansiosos, foram motivos significativos de afastamento do trabalho. Em 2019, 72% da população brasileira sofria de estresse relacionado ao trabalho. Em 2020, o número de afastamentos por problemas de saúde mental aumentou 26% em relação ao ano anterior, com o auxílio-doença para depressão e ansiedade aumentando 33%. Durante a pandemia de 2021, o Brasil foi considerado o país do continente americano com o maior número de diagnósticos de depressão, perdendo apenas para os Estados Unidos. Houve um aumento de quatro vezes na prevalência de sintomas de ansiedade e depressão em comparação com o ano anterior. Esses números alarmantes mostram a importância de uma cultura organizacional que promova a saúde mental e o bem-estar dos funcionários.

Diante desse cenário, percebe-se a importância da gestão da cultura organizacional para que a produtividade e a rentabilidade do negócio sejam estabelecidas, mas não a qualquer preço, e sim com saúde e bem-estar.

Uma cultura positiva e acolhedora contribui para a retenção de talentos, reduzindo a rotatividade de pessoal. Isso economiza recursos e mantém o conhecimento e a experiência dentro da empresa. Estímulo à criatividade e à inovação através de um ambiente colaborativo é crucial para o crescimento e a adaptação da empresa em um mercado competitivo. Uma cultura que incentiva a experimentação e a tomada de riscos calculados favorece o surgimento de novas ideias e soluções. A promoção do bem-estar geral dos funcionários, incluindo saúde mental e física, resulta em menor absenteísmo e maior produtividade. Um ambiente que valoriza a qualidade de vida dos funcionários cria um ciclo virtuoso de satisfação e desempenho (Cameron & Quinn, 2011).

Muitos entendem a cultura organizacional como algo genérico, subjetivo e intangível; porém, acabam subestimando o grande poder que ela possui: o de promover resultados ou de sabotá-los completamente. Inclusive, vale ressaltar o que Carolyn Taylor, uma grande pesquisadora e consultora no assunto, argumentou: a cultura organizacional é a "cola invisível" que mantém uma empresa unida. Segundo Taylor, a criação de uma cultura forte e positiva requer um comprometimento de longo prazo e a participação ativa de toda a organização, desde a liderança até os funcionários da linha de frente.

Mas muitas empresas nem sabem se precisam transformar algo, porque "sempre foi feito assim...", e ainda atribuem a causa raiz da rotatividade, falta de engajamento e problemas de saúde mental às novas gerações, alegando que as pessoas não querem trabalhar, entre outras justificativas. Essa visão míope desconsidera fatores estruturais e culturais que afetam o ambiente de trabalho e ignora a necessidade de adaptação às mudanças do mercado e às expectativas dos funcionários. Ignorar essas questões pode levar a uma série de problemas, incluindo alta rotatividade, baixa produtividade e um ambiente de trabalho tóxico, que não são exclusivos das novas gerações, mas resultam de falhas na cultura organizacional.

Então, o primeiro passo para qualquer transformação cultural dentro de uma empresa é um diagnóstico preciso. As organizações devem se questionar: precisamos realizar uma transformação na nossa cultura organizacional? Nosso ambiente de trabalho é saudável ou não? Baseado em que critérios estamos fazendo essa avaliação? Poderíamos ser mais produtivos e saudáveis? Existe outro jeito de fazer gestão, pois, afinal de contas, sempre fizemos as coisas assim. Como saber que precisamos mudar? Estamos perdendo talentos para empresas com culturas mais atraentes? Nossos funcionários se sentem valorizados e motivados? A cultura da nossa empresa promove a inovação e a colaboração?

Poucas empresas, tanto no Brasil quanto no mundo, possuem a autoconsciência necessária para reconhecer uma cultura organizacional não saudável. Esse reconhecimento vai além de meras declarações de missão, visão e valores; ele exige uma compreensão profunda de como esses valores são realmente vividos no dia a dia da organização. Quando essa compreensão é insipiente, a cultura pode estar "devorando a estratégia no café da manhã", parafraseando Peter Drucker, um dos mais renomados teóricos da administração. Isso significa que, independentemente de quão bem planejada seja uma estratégia, ela está destinada ao fracasso se a cultura organizacional for disfuncional.

Esse reconhecimento exige uma análise meticulosa e contínua dos comportamentos, práticas e normas que permeiam a organização. Empresas com uma cultura tóxica ou disfuncional frequentemente enfrentam problemas como alta rotatividade de funcionários, baixo engajamento, resistência à mudança e falta de inovação. Uma cultura saudável, por outro lado, é caracterizada por altos níveis de confiança, comunicação eficaz, colaboração e um alinhamento claro entre os valores professados e os valores praticados. Para compreender mais profundamente as diferenças entre uma cultura tóxica e fraca e uma cultura saudável e forte, foram reunidas pesquisas e diagnósticos realizados ao longo dos anos pelo Instituto Taís Guedes no Brasil. Esses estudos são fundamentados pelas bases teóricas mais relevantes no tema e oferecem uma análise aplicável a empresas de todos os ramos e portes.

Características de uma cultura tóxica e fraca

Uma cultura organizacional tóxica e fraca pode devastar o ambiente de trabalho, corroendo o moral dos funcionários e comprometendo o desempenho da empresa. Neste texto, exploraremos 14 características cruciais que definem esse tipo de cultura prejudicial. Desde a desconexão entre os valores proclamados e as práticas reais, até a prevalência de comportamentos abusivos e agressivos, essas características revelam as diversas maneiras pelas quais um ambiente de trabalho pode se tornar hostil e ineficaz. Vamos analisar como elementos como alta rotatividade, falta de transparência, competição excessiva e muitos outros contribuem para um cenário corporativo onde o bem-estar dos funcionários e a produtividade estão constantemente sob ameaça. Apresentamos a seguir uma visão aprofundada dos sinais e sintomas de uma cultura organizacional tóxica e fraca.

1. Valores desalinhados

Valores divulgados pela empresa não são refletidos na prática diária, o que cria inconsistência e confusão entre os funcionários. Por exemplo, uma empresa pode declarar que valoriza a inovação, mas na prática penaliza funcionários por tentarem novas abordagens que não funcionam imediatamente. Estudos indicam que 70% dos funcionários não percebem alinhamento entre valores organizacionais e práticas cotidianas ("Workforce of the Future: The Competing Forces Shaping 2030", 2017).

2. Rotatividade

Alta taxa de rotatividade devido à insatisfação dos funcionários resulta em custos elevados de recrutamento e treinamento, além de afetar o moral dos funcionários restantes. Por exemplo, em uma empresa onde os funcionários frequentemente se demitem após um curto período, os novos contratados precisam constantemente ser treinados, gerando um ciclo contínuo de despesas e interrupções no fluxo de trabalho. Segundo a SHRM, o custo de substituição de um funcionário pode chegar a 200% do salário anual.

3. Equipe desmotivada e desengajada

Falta de motivação e engajamento reduz a produtividade e inovação. Por exemplo, funcionários que não recebem reconhecimento ou oportunidades de desenvolvimento tendem a fazer o mínimo necessário, sem se envolver em iniciativas que poderiam beneficiar a empresa.

4. Competição excessiva

Incentivo à rivalidade entre os funcionários cria um ambiente de desconfiança e tensão, resultando em comportamentos antiéticos e desgaste emocional. Por exemplo, uma empresa pode incentivar competição interna por meio de quadros de desempenho, criando um ambiente onde os funcionários veem os colegas como adversários, em vez de parceiros. Estudos indicam que ambientes colaborativos aumentam a produtividade em até 15% (McKinsey & Company, 2012).

5. Falta de transparência e imparcialidade

Decisões arbitrárias e injustas reduzem a confiança na liderança e criam um clima organizacional negativo. Por exemplo, promoções baseadas em favoritismo ou decisões importantes tomadas sem explicações claras levam a sentimentos de injustiça e desconfiança. Barometer (2019) aponta que a falta de transparência pode diminuir a confiança na liderança em até 40%.

6. Baixo índice de confiança

Baixos índices de confiança entre os funcionários resultam em menor engajamento e colaboração, levando a ineficiência e baixa qualidade do trabalho. Por exemplo, funcionários que não confiam em seus líderes tendem a evitar compartilhar ideias ou participar ativamente em projetos, prejudicando a inovação e o crescimento. Segundo a PwC (2016), 55% dos funcionários citam a falta de confiança na gerência como um dos maiores problemas no local de trabalho.

7. Clima organizacional negativo

Altos níveis de estresse, insatisfação e conflitos frequentes afetam a saúde mental e física dos funcionários, bem como a retenção de talentos. Por exemplo, um ambiente de trabalho onde as demandas são altas e os recursos são insuficientes leva ao esgotamento dos funcionários e ao aumento das faltas por problemas de saúde. A American Institute of Stress (2020) relata que o estresse no trabalho é a principal causa de insatisfação.

8. Feudos / silos

Departamentos operando de forma isolada e competitiva impedem a comunicação e colaboração eficazes. Por exemplo, departamentos que guardam informações para si mesmos e não colaboram com outros setores da empresa limitam a capacidade de inovação e solução de problemas complexos. McKinsey & Company (2018) mostra que empresas com alta colaboração entre departamentos são 70% mais bem-sucedidas em inovação.

9. Falta de objetivos claros

Departamentos e funcionários sem objetivos comuns demonstram falta de visão sistêmica e direção de futuro. Por exemplo, funcionários que não entendem claramente os objetivos da empresa ou como seu trabalho contribui para esses objetivos tendem a sentir que seu trabalho é insignificante. Um estudo realizado em Harvard (2017) mostrou que 85% dos gestores gastam menos de uma hora por mês discutindo objetivos futuros.

10. Resistência à inovação

frases como "sempre foi assim" impedem mudanças, tornando as empresas obsoletas e menos competitivas. Por exemplo, a Kodak não previu a concorrência dos celulares, continuando com processos ultrapassados. Esta resistência à inovação impede que a empresa se adapte às mudanças do mercado.

11. Ausência de *feedback*

Falta de uma cultura de *feedback* contínuo reduz o desenvolvimento e melhoria dos funcionários. Por exemplo, em empresas onde os funcionários não recebem *feedback* regular, eles não sabem como melhorar seu desempenho ou corrigir erros, levando à estagnação profissional. Cultura de *feedback* é essencial para o crescimento pessoal e profissional.

12. Entropia cultural

Energia improdutiva focada em conflitos e problemas reduz a produtividade. Por exemplo, funcionários que gastam grande parte de seu tempo em reuniões improdutivas ou lidando com conflitos internos em vez de se concentrar em tarefas produtivas estão desperdiçando energia valiosa.

Barrett define entropia como a perda de energia em situações improdutivas.

13. Baixos níveis de segurança psicológica

Medo de errar e insegurança em expressar opiniões resultam em silêncio nas reuniões e baixa inovação. Por exemplo, em um ambiente onde os funcionários têm medo de serem punidos por cometer erros, eles se tornam avessos ao risco e evitam sugerir novas ideias ou soluções. O livro "Organização Sem Medo" destaca que equipes com baixa segurança psicológica são menos inovadoras.

14. Assédio e agressão

Presença de comportamentos abusivos e agressivos, como assédio moral e físico, cria um ambiente de medo e insegurança. Por exemplo, funcionários que são regularmente humilhados ou intimidados por superiores ou colegas desenvolvem sérios problemas de saúde mental e física, além de reduzirem drasticamente seu desempenho no trabalho. Um estudo da Workplace Bullying Institute (2017) indicou que 19% dos trabalhadores americanos experienciaram *bullying* no trabalho, afetando significativamente seu bem-estar e produtividade.

Características de uma cultura saudável e forte

enquanto uma cultura tóxica e fraca é caracterizada por altos índices de rotatividade, desmotivação generalizada, falta de confiança e transparência, além de uma ausência de propósito e inovação, uma cultura forte e saudável apresenta desde a incorporação de valores compartilhados até a promoção da inovação e adaptabilidade, passando pelo fortalecimento da confiança e da transparência. A leitura destes elementos essenciais permitirá uma introspecção perspicaz e o desenvolvimento de estratégias eficazes para fomentar um ambiente de trabalho harmonioso e de alta performance, catalisando a excelência organizacional e evitando as armadilhas de uma cultura fraca e tóxica.

1. Valores compartilhados

Em uma cultura organizacional forte e saudável, os valores são intensamente assimilados e compartilhados por todos os membros da organização de forma natural e espontânea. Um exemplo paradigmático é a Zappos, cuja gestão de cultura organizacional é tão eficaz que a Amazon adquiriu a empresa para aprender com suas práticas. A Zappos implementou valores como "UAU", visando evocar essa expressão de admiração dos clientes. Exemplos tangíveis incluem o envio de um novo par de sapatos sem custo adicional para um cliente cujo cachorro havia destruído o primeiro par, acompanhado de um osso para o animal. Estudos indicam que a comunicação regular dos valores e a apresentação de exemplos concretos são cruciais para o fortalecimento da cultura organizacional (Zappos, "Delivering Happiness", 2010).

2. Baixo índice de rotatividade

Em uma cultura organizacional saudável, a rotatividade de funcionários é baixa, indicando um alto grau de engajamento e alinhamento com os valores e propósitos da organização. Por exemplo, na Zappos, os funcionários são tão apaixonados pela empresa que alguns optam por se casar no local de trabalho. Segundo a Society for Human Resource Management (SHRM), empresas com baixa rotatividade apresentam melhores desempenhos financeiros e uma equipe mais estável e comprometida.

3. Equipe motivada e engajada

Equipes em culturas fortes estão emocionalmente envolvidas com o negócio e comprometidas com o propósito da organização. Líderes que mantêm conversas regulares sobre desenvolvimento humano e bem-estar contribuem para criar um ambiente onde os funcionários são apaixonados pelo trabalho. Equipes engajadas apresentam menores níveis de estresse e maior produtividade, impactando diretamente a eficiência e os resultados organizacionais (Gallup, "State of the Global Workplace", 2023).

4. Colaboração

Em uma cultura colaborativa, os funcionários transcendem suas funções específicas para auxiliar onde for necessário. Por exemplo, a implementação de programas como "cliente oculto" pode revelar a verdadeira natureza colaborativa de uma organização. A McKinsey & Company descobriu que empresas com alta colaboração entre departamentos são 70% mais bem-sucedidas em inovação (McKinsey, 2012).

5. Transparência e imparcialidade

Decisões justas e transparentes fortalecem a confiança na liderança. O Edelman Trust Barometer revela que a transparência é essencial para manter a confiança dos funcionários, com uma redução de até 40% na confiança caso esta falte.

6. Alto índice de confiança

Um alto índice de confiança entre funcionários e liderança é crucial para um clima organizacional positivo. Por exemplo, uma cultura de *feedback* regular em que os líderes solicitam e fornecem *feedback* abertamente. Estudos mostram que a confiança no local de trabalho melhora o engajamento e a colaboração (PwC, 2017).

7. Clima organizacional positivo

Um clima organizacional positivo é caracterizado por altos níveis de satisfação e baixos níveis de estresse. O American Institute of Stress relata que ambientes positivos reduzem o estresse e aumentam a satisfação no trabalho (AIS, 2020).

8. Alinhamento de propósitos

Uma cultura de coletividade promove a coesão e a lealdade organizacional. Por exemplo, em um hospital onde todos os funcionários, desde os médicos até a equipe de limpeza, compreendem que estão unidos por uma única causa: salvar vidas. Este entendimento comum aumenta o comprometimento e a eficácia do trabalho em equipe.

9. Visão de futuro e objetivos claros

Objetivos claros e alcançáveis, com prazos definidos e indicadores de progresso. Por exemplo, uma empresa que estabelece metas mensais alinhadas com sua visão de futuro e comunica essas metas de maneira transparente a todos os departamentos.

10. Inovação e adaptabilidade

Em culturas saudáveis, a inovação é incentivada e a adaptabilidade é valorizada. Por exemplo, líderes que possuem credibilidade e promovem mudanças de maneira eficaz, construindo confiança para facilitar a adaptação às novas circunstâncias. Estudos mostram que empresas inovadoras são mais resilientes e competitivas (McKinsey & Company, 2018).

11. Rotina de *feedback*

Uma rotina de *feedback* contínuo e construtivo é essencial. Líderes que realizam reuniões one-on-one regulares para discutir o desenvolvimento dos funcionários e a gestão de desempenho devem complementar isso com *feedback* frequente para criar uma verdadeira cultura de *feedback* (Gallup, 2023).

12. Produtividade

Alta produtividade é uma característica de culturas saudáveis nas quais a entropia cultural é minimizada. Por exemplo, funcionários que focam em tarefas produtivas e evitam o desperdício de energia em atividades improdutivas. Barrett define a redução da entropia como essencial para aumentar a produtividade organizacional.

13. Motivação pelo propósito

Funcionários motivados por um propósito claro e significativo. A participação em projetos sociais sem remuneração demonstra o poder do propósito.

14. Segurança psicológica

Altos níveis de segurança psicológica, nos quais os funcionários sentem-se seguros para expressar suas opiniões e cometer erros sem medo de represálias. Práticas como "café com o erro", em que os líderes discutem abertamente as lições aprendidas, promovem um ambiente de confiança e inovação. O livro «Organização Sem Medo» destaca que a segurança psicológica é fundamental para a inovação e o desempenho organizacional (Edmondson, 2018).

Na atualidade, fica evidente a essencialidade de uma cultura organizacional robusta e saudável como pilar fundamental para o sucesso empresarial sustentável. A partir da análise detalhada das contribuições teóricas de Geert Hofstede, bem como das pesquisas empíricas da Gallup e outros estudos relevantes, observa-se que a cultura organizacional transcende a simples conformidade a valores proclamados, exigindo a internalização e prática cotidiana desses valores. O diagnóstico preciso da cultura existente, aliado a um compromisso contínuo com a transparência, a colaboração e o bem-estar dos funcionários, emerge como uma estratégia crucial para enfrentar desafios contemporâneos, tais como a "Grande Resignação" e os crescentes problemas de saúde mental no ambiente de trabalho.

Em um cenário global onde a desmotivação e o desengajamento são predominantes, torna-se imperativo que as organizações invistam na construção de uma cultura que promova a segurança psicológica e a valorização dos indivíduos, elementos comprovadamente eficazes na retenção de talentos e na promoção de um ambiente de trabalho harmonioso e produtivo.

O reconhecimento das características distintivas entre culturas organizacionais tóxicas e saudáveis proporciona um quadro de referência para a transformação cultural. A análise das práticas disfuncionais, como a falta de transparência e a competição excessiva, contra práticas benéficas, como a rotina de *feedback* e a promoção do propósito, fornece um guia claro para líderes e gestores empenhados em cultivar um ambiente de trabalho positivo e resiliente.

Assim, a cultura organizacional, quando gerida de forma consciente e estratégica, não apenas contrabalança influências culturais locais, mas também propicia um espaço onde a inovação e a colaboração podem prosperar. A transformação cultural, alicerçada em diagnósticos precisos e em práticas de gestão inclusivas e transparentes, revela-se não apenas desejável, mas necessária para a sobrevivência e prosperidade das organizações no dinâmico e desafiador mercado global atual.

Referências

American Institute of Stress. *Stress at Work*. 2020. Disponível em: https://www.stress.org/workplace-stress

Barometer, E. *Edelman Trust Barometer* (2019). Disponível em: https://www.edelman.com/trust/2019-trust-barometer.

Barrett, R. (2017). *A organização dirigida por valores: liberando o potencial humano para a performance e lucratividade*. Rio de Janeiro: Alta Books.

Cameron, K. S., Quinn, R. E. (2011) *Diagnosing and Changing Organizational Culture: Based on the Competing Values Framework*. John Wiley & Sons.

Edmondson, A. C. (2021). *A organização sem medo: criando segurança psicológica no local de trabalho para aprendizado, inovação e crescimento*. Alta Books.

Gallup INC. (2023) *State of the Global Workplace: Global Insights*. Disponível em: https://www.gallup.com/394373/indicator-employee-engagement.aspx

Harvard Business Review. (2017) *How to Measure and Manage Employee Engagement*. Disponível em: https://hbr.org/2017/07/how-to-measure-and-manage-employee-engagement

Hofstede, G. (1980). *Culture's Consequences: International Differences in Work-Related Values*. Sage Publications.

Klotz, A. (2021). *The Great Resignation: A Call to Action for Organizations*. Disponível em: https://www.businessinsider.com/the-great-resignation.

Kusy, M., Holloway, E. (2009) *Toxic Workplace!: Managing Toxic Personalities and Their Systems of Power*. John Wiley & Sons.

Mckinsey & Company. (2012). *The social economy: Unlocking value and productivity through social technologies.* Disponível em: https://www.mckinsey.com/industries/technology-media-and-telecommunications/our-insights/the-social-economy

Mckinsey & Company. (2018). *The social economy: Unlocking value and productivity through social technologies.* Disponível em: https://www.mckinsey.com/industries/technology-media-and-telecommunications/our-insights/the-social-economy

PWC. (2017). *Workforce of the Future: The Competing Forces Shaping 2030*. Disponível em: https://www.pwc.com/gx/en/services/people-organisation/workforce-of-the-future.html

Schein, E. H. (2017) *Cultura Organizacional e Liderança*. São Paulo: Atlas.

Society for Human Resource Management (SHRM). Turnover Costs. Disponível em: https://www.shrm.org/resourcesandtools/hr-topics/talent-acquisition/pages/cost-of-turnover.aspx

Taylor, C. (2005). *Walking the Talk: Building a Culture for Success*. Random House Business.

Taís Guedes – Especialista em Liderança, Cultura Organizacional e Desenvolvimento Humano. Mentora e Trainer em Liderança. Consultora em Cultura Organizacional. Certificadora Internacional em Gestão da Cultura Organizacional (*assessments* validados internacionalmente), formando consultores especializados em Cultura Organizacional. Professora em MBA's IPOG: POT e Neurociência. Coordenadora do MBA em Psicologia Organizacional e do Trabalho no IPOG. Doutora e Mestre em Psicologia pela PUC-GO. Pós-graduada em Liderança, Consultoria e Coaching pela Condor Blanco International (Chile). Possui diversas certificações nacionais e internacionais, incluindo Gestão da Cultura Organizacional, Instrumento MBTI® Step I e II, DISC, Método Barrett® de Gestão de Cultura Organizacional e Coaching com base em Neurociência. Tem formações adicionais em Análise Transacional, PNL, Autoliderança, Consultoria de Projetos de Vida, Design Thinking (Stanford University), e Liderança Integral. Certificação internacional no Método Barrett® de Gestão de Cultura Organizacional. Leader Mentoring Business & Inovation Imersion no Vale do Silício, Califórnia, EUA. Path Inovation & Desing Thinking em Stanford University. Formação em Integral Leadership and Advanced of Human Values por Richard Barrett. Formação em Cultura de Inovação para Resultados pela StartSe. Formação em Neurociência na Gestão, Liderança e Performance. Formação em Cultura com Segurança Psicológica. The future is now: the changing world of work, por EAWOP, Katowice, Poland.

CAPÍTULO 2

Gestão da Cultura e da Identidade Organizacional:

Com Emoção ou sem Emoção?

Roberto Moraes Cruz

"Nada é permanente, exceto a mudança."
Heráclito de Éfeso (540-475 a.C.)

Heráclito de Éfeso não é um autor privilegiado nos estudos organizacionais e de gestão. Mas, certamente, suas contribuições filosóficas podem nos auxiliar a compreender o papel das mudanças nos ciclos de vida das pessoas e das organizações. Em fragmentos do que restou da sua obra "Sobre a Natureza", Heráclito destaca a transitoriedade das coisas ou que tudo está fluindo a todo momento.

Nessa direção, o termo "permanente" se refere a algo que dura para sempre, enquanto "mudança" se refere à transformação ou alteração de tudo o que está ao redor de nós mesmos. Assim, parece inevitável a mudança, ainda que possamos tentar resistir a ela ou a negá-la (Guerreiro, 2000).

Mudanças e o protagonismo sapiens

Mudanças são impositivas à espécie humana e às suas criações, como as organizações, por exemplo. E, por sua causa, desenvolvemos três competências evolutivas fundamentais, relacionadas a um conjunto extensivo de habilidades físicas, cognitivas e emocionais: 1) adaptar-se ao ambiente e às suas variações, circunstâncias e desafios para (sobre)viver e conviver; 2) Adquirir, transmitir ou transferir conhecimentos, aprendizagens, hábitos, valores, crenças, padrões de comportamento; 3) antecipar ações ou possíveis consequências antes mesmo que elas ocorram, para saber lidar com perigos, riscos desnecessários, mudanças (Figura 1).

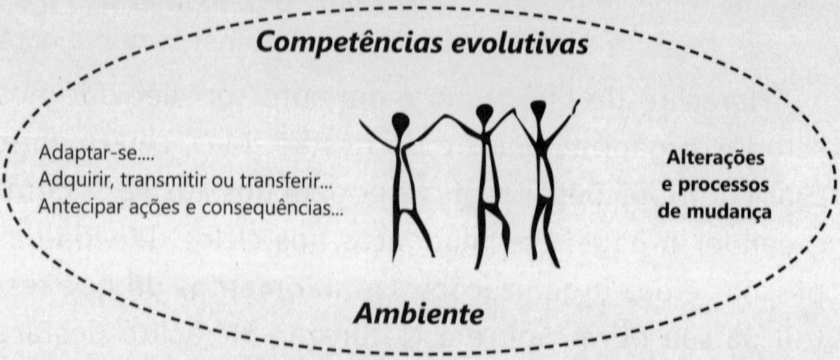

Figura 1. Competências evolutivas fundamentais às alterações e processos de mudança.
Fonte: Elaborada pelo autor (2024)

Essas competências evolutivas, que tornaram o ser humano o principal protagonista da Natureza, foram e permanecem sendo essenciais à subsistência, à convivência e à construção da cultura humana, especialmente nos sistemas sociais que nos possibilitam desenvolver e aperfeiçoar habilidades específicas: sistemas familiar, educativo e organizacional. E foi assim que aprimoramos a nossa capacidade, não somente física, mas especialmente mental, porque aprendemos com o passado, vivemos os desafios do presente e procuramos planejar, em alguma medida, o nosso futuro.

O medo ao desconhecido: passado, presente e futuro das sociedades e culturas humanas

Sociedades humanas foram criadas com base na capacidade dos seres humanos de poderem agir e transformar a sua realidade à sua volta, por meio do agrupamento de forças e de símbolos suficientemente significativos para sobreviver e manter certa estabilidade e coesão interna para os desafios futuros. Culturas foram e são criadas permanentemente para representar os resultados e efeitos dessa capacidade evolutiva de agir e transformar a natureza, assim como produzir os meios materiais para prover a vida das pessoas.

Para tanto, os seres humanos, desde os seus primórdios, se orientaram, ao mesmo tempo, pelo medo do desconhecido e pela instigante perspectiva de querer desbravá-lo, independentemente de haver qualquer saber prévio. Esse "drive" primitivo de querer ir em direção ao desconhecido provocou mudanças importantes nas relações dos seres humanos com a Natureza e consigo mesmos. A cada obstáculo, a cada desafio, um movimento de querer descobrir, de não se contentar apenas com o que já se conhece.

O medo do desconhecido, na verdade, é um dos principais vetores da resistência à mudança. Nossos ancestrais Sapiens souberam lidar com isso a "duras penas", isto é, passaram por situações difíceis, enfrentaram grandes desafios, suportaram situações penosas e também sofreram intensamente. Mas foi assim que estabelecemos o protagonismo da espécie humana na Terra. E estamos procurando ir além disso...

Carl Sagan, astrônomo norte-americano (1934-1996), em seu livro *O mundo assombrado pelos demônios*, destaca o papel do protagonismo humano na geração de práticas e conhecimentos que permitiram criar sociedade humanas complexas, mas especialmente a ciência, uma atividade humana potencialmente geradora de esperanças e mudanças, porque não se dedica ao óbvio, mas com o surpreendente desafiador.

Mas tudo isso dependeu, desde sempre, em criar sistemas de interação e convivência, aprendizagens, práticas, linguagens, rituais, mitos e tradições que moldaram e moldam a identidade de grupos e sociedades, influenciando como os indivíduos percebem o mundo ao seu redor e como se relacionam com ele.

Registros de si e construção da identidade individual e organizacional

Albert Einstein, físico alemão (1879-1955), costumava referir que "a mente que se abre a novas ideias jamais voltará ao seu tamanho original", uma metáfora para o trabalho diário de estar com a mente aberta para os desafios e para as possibilidades de enfrentá-los (Lightman, 2014). Uma metáfora mais ampla para indicar que os seres humanos, assim como o Universo, estão em crescimento e expansão. Ter consciência disso é parte importante para o enfrentamento de problemas e a busca de soluções, às vezes rotineiras, às vezes criativas.

Crescer é lidar com mudanças, para qualquer indivíduo, grupo ou organizações. Às vezes, determinados processos de mudança aos quais estamos submetidos, ou que fazemos no dia a dia, são tão pequenos, que não percebemos a sua importância ou os seus efeitos em si e nas pessoas que estão ao redor, o mesmo longe da gente, conhecidas ou desconhecidas.

Psicologicamente, saber lidar com os desafios para mudar e aprender com os erros e acertos nesse processo indica maturidade. Mas, especialmente, constrói "registros de si mesmo" e, portanto, da identidade, que podem ser expressas da seguinte forma:

Me lembro de quem sou (porque aprendo)
Reconheço o que penso (porque compreendo)
Tenho consciência do que faço (porque me mobilizo para agir)

Assim como as pessoas têm uma identidade, que inclui suas características pessoais, de personalidade, valores e crenças, as organizações, como sistemas vivos, também constroem a sua própria identidade, que reflete a sua cultura, seus objetivos, seus valores e suas crenças compartilhadas, a sua missão.

A identidade organizacional é forjada por atitudes (predisposição para agir), ações propriamente ditas (comportamentos), motivações intrínsecas e extrínsecas ao ambiente de trabalho, modos de trabalhar, transmissão de aprendizagens e nos símbolos e imagens da organização, percebida e compartilhada por seus clientes internos e externos e a comunidade, em geral.

Uma identidade organizacional bem definida reflete coesão interna, senso de pertencimento e compromissos entre os membros de uma organização. Isso pode contribuir para uma cultura organizacional saudável e para o engajamento dos funcionários. Por sua vez, uma identidade organizacional mal definida é menos resilientes e também mais resistente a mudanças.

Culturas humanas e culturas organizacionais: espelho, espelho meu...

A cultura humana é o reflexo da evolução da capacidade humana de agir e transformar, tanto material quanto simbolicamente. Ela é moldada pela história, geografia, pelos recursos disponíveis e pelas interações sociais, políticas e econômicas de uma sociedade. Ao mesmo tempo, a cultura também exerce uma influência significativa sobre a forma como as sociedades e organizações evoluem, influenciando os valores, normas, crenças e comportamentos que orientam as ações individuais e coletivas.

À medida que as sociedades avançam e se transformam, a cultura continua a desempenhar um papel vital na adaptação e na resposta a novos desafios. Ela pode ser tanto um ponto de resistência à mudança quanto um motor para a inovação e a criatividade. A capacidade humana de agir e transformar é, portanto, intrinsecamente ligada à cultura, que atua como uma lente através da qual as sociedades interpretam e respondem ao mundo a seu redor.

Cultura organizacional é um conceito amplo que inclui valores, crenças, normas, comportamentos e práticas que são compartilhados entre as pessoas que trabalham em uma organização e que influenciam o *modus operandi* (a maneira como as pessoas realizam suas atividades), o *modus vivendi* (estilos de interagir, os compromissos e modos de conviver com as pessoas com quem se trabalha) e como a empresa se posiciona na sociedade (Schein, 2009; Alvesson, 2012; & Williams, 2022).

De raízes antropológicas, mas de desenvolvimento psicológico, o conceito de cultura organizacional surgiu na década de 1950 como uma tentativa de explicação sobre as dificuldades e os desafios enfrentados por organizações em seu movimento de expansão global, em meio às diferenças sociais, de produção e consumo (Schein, 2009).

A partir da década de 1970, o interesse pelo termo cultura organizacional ressurgiu à medida que sucesso econômico e posição social-mercadológica de algumas organizações foram associados à influência da cultura organizacional na motivação, produtividade e eficácia no trabalho.

Ao longo das décadas de 1980 e 1990, o termo cultura organizacional se popularizou e passou também a justificar os resultados desfavoráveis e ineficiências das organizações privadas e públicas, e até mesmo para explicar decisões judiciais. Cultura organizacional, nessa perspectiva, passou a ser interpretada como um "peso" na gestão das organizações (interna e externamente), seja do ponto de vista das decisões (e da ausência delas) ou da adaptação às transformações do mundo do trabalho, independentemente das qualidades e competências individuais dos seus profissionais.

Ao final do século XX, os estudos sobre cultura organizacional passaram a enfatizar as relações com outros conceitos, tais como qualidade de vida no trabalho, liderança, identidade organizacional, maturidade organizacional, clima organizacional e cultura de segurança, com a finalidade de explicar os determinantes dos sistemas organizacionais e seus modos de gestão no bem-estar, na satisfação, na eficácia e na segurança no trabalho, especialmente em função dos estudos do campo da psicologia das organizações e do trabalho.

Todos esses aspectos têm implicado em redefinições de processos e desenhos de trabalho (modalidade remota, trabalho *home office*), a adoção de novos modelos de negócios ou a transformação da "mentalidade" dos profissionais, especialmente gestores, diante da realidade de mercado e das mudanças sociais.

Com base nessas contribuições, os estudos sobre a cultura organizacional, já reconhecida como um conjunto complexo de valores, crenças, normas, comportamentos e práticas nos ambientes de trabalho, passaram a enfatizar, nos últimos 20 anos, a percepção dos problemas e soluções nos ambientes de trabalho, os padrões de personalidade e de interação entre as pessoas, as emoções e as cognições no trabalho, as formas de transferência de aprendizagens e os ciclos de mudanças nas organizações.

Ganham destaque, especialmente, o papel dos processos criativos no trabalho e a influência das inovações tecnológicas e da digitalização, das redes sociais e das mudanças socioambientais na cultura e nos processos decisórios nas organizações. Dito de outra forma: culturas organizacionais passaram ser interpretadas como um tecido social extensivo – do indivíduo à comunidade –, e são plenamente gerenciáveis se estiverem sensíveis à compreensão das organizações como "sistemas vivos", que enfrentam desafios para mudar e se adaptar constantemente.

Culturas organizacionais funcionais e disfuncionais

Culturas organizacionais que sabem lidar com os desafios de mudar e aprender, preservando valores, crenças, normas, comportamentos e práticas nos ambientes de trabalho voltados à saúde, à segurança e integridade humana passaram ser reconhecidas como culturas organizacionais funcionais ou positivas. Nesse tipo de cultura, há um ambiente favorável ao impulsionamento do desempenho em relação a objetivos, ao aperfeiçoamento de habilidades, ao engajamento das equipes e à satisfação de profissionais e, por decorrência, dos seus clientes (Warrick, 2017).

Por outro lado, culturas organizacionais disfuncionais ou negativas tendem a prejudicar o ambiente de trabalho em termos de rebaixamento do moral do grupo, da motivação, da produtividade e do comprometimento com objetivos, dificultando a retenção de talentos e a atração de novos profissionais qualificados. Geralmente, altos índices de rotatividade, de doenças ocupacionais e de problemas legais devido a práticas inadequadas no ambiente de trabalho são sinais de uma cultura organizacional negativa ou disfuncional, seja no setor privado ou público.

Como detectar e mudar culturas organizacionais disfuncionais?

Para os gestores e equipes de trabalho promoverem mudanças culturais positivas implica em, inicialmente, detectar as variáveis da cultura organizacional que estão influenciando seus efeitos negativos e atuar sobre elas, tais como:

a) Processos de (auto)gestão do trabalho e das pessoas ineficazes, resistentes às mudanças, novas ideias, desafios. Importante atentar que, de uma maneira geral, as pessoas querem mudar, e não sabem como lidar com mudanças. Por isso, muitas vezes resistem às mudanças, porque nem sempre os primeiros resultados de processos de mudanças são favoráveis;
b) Interações entre as pessoas de má qualidade. Ou seja, comunicações ineficazes entre pessoas e equipes, informações importantes podem ser perdidas, excesso de "ruídos" nas relações interprofissionais, sensação de não estar aprendendo nada de novo, desinformação ou informações sem qualidade de compreensão;
c) Práticas de gestão insalubres, com condições de trabalho precárias, indicadores salientes de agravos à saúde no trabalho, baixo incremento de capacitação e falta de oportunidades de crescimento na organização. Organizações com essas práticas disfuncionais contribuem para uma cultura centrada em passivos, gestão por danos, com baixa contribuição das pessoas aos enfrentamentos dos problemas;

d) Clima psicológico em que prevalecem sentimentos de desânimo, desvalorização, conflito entre valores, condutas (anti)éticas, associados a contratos psicológicos com baixo compromisso entre as organizações e os empregados. Em geral, culturas organizacionais com essas características refletem organizações pouco transparentes e com baixa credibilidade em suas decisões. Suas políticas e práticas são percebidas como injustas, discriminatórias, que privilegiam o favoritismo, a não meritocracia, a discriminação.

Para lidar com culturas organizacionais disfuncionais, é importante reconhecer os problemas, monitorá-los e promover processos de mudanças que busquem alterar os aspectos disfuncionais. Isso pode envolver a revisão e a atualização das políticas e práticas da empresa, o incentivo a uma comunicação aberta e honesta e a promoção de valores e comportamentos positivos. Além disso, investir no desenvolvimento de líderes e na formação de uma equipe coesa pode ajudar a transformar uma cultura negativa em uma cultura saudável e produtiva.

É importante estar atento às necessidades e preferências dos clientes, que também mudam. A experiência em monitorar expectativas internas e externas, assim como inovar e adaptar características de seus produtos e serviços às demandas dos clientes são fundamentais para as organizações mudarem em passos mais seguros. Desenvolver um *curriculum* de competências nas organizações para avaliar o passado e antecipar o futuro é um horizonte sempre à vista.

E, o mais importante: atentar que gestão significa "gesto grande". Mudar culturas organizacionais não é um processo simples, porque significa construir atos generosos, significativos entre as pessoas, entre líderes e liderados e vice-versa. Ações que promovam contenção de danos, certamente, mas, sobretudo, condutas que valorizem a prevenção, a solidariedade, a busca com conhecimentos, a compreensão dos ciclos de mudanças nas pessoas e nas organizações, assim como acontece na sociedade.

Desenvolver repertórios socioemocionais para lidar com desafios e mudanças, seja na vida pessoal, familiar ou no ambiente corporativo, é uma necessidade das pessoas. E, portanto, deve ser um horizonte permanente das organizações, independentemente do seu tamanho, objetivos e missão.

Mudar culturas organizacionais: com emoção ou sem emoção?

Mudanças pessoais ou organizacionais podem ser acompanhadas por forte incremento ou mobilização de afetos ou reações emocionais intensas. Cotidianamente, quando algo é feito "com emoção", significa um fazer com paixão, entusiasmo, carinho, sensibilidade, mas também com agressividade, raiva e impulsividade. Ou seja, como um humor mais positivo ou negativo.

Por outro lado, quando relacionamos essas mudanças à expressão "sem emoção" geralmente nos referimos a uma conduta em que os afetos e as emoções não desempenham um papel significativo. Nesse caso, podemos atuar de uma forma mais conservadora, gradual, controlada, buscando manter a estabilidade das coisas, embora de forma mais racional, objetiva.

Mudanças "sem emoção" podem representar redirecionamento de esforços, implementação de rotinas e tarefas, alterações em procedimentos e técnicas, que muitas vezes não são percebidas como algo significativo ou importante pelas pessoas, mas que podem ser incrementais, ou seja, feitas passo a passo, sem afetar drasticamente a estrutura ou a cultura da organização. Nesses casos, há uma maior preocupação com condutas racionais e objetivas, o que pode ser interpretada como menos disruptivas.

Em se tratando de competências evolutivas Sapiens e processos de alterações e mudanças em diferentes ambientes e contextos, um misto de mudanças com e sem emoção se mostram mais favoráveis às disrupções – interrupções significativas ou mudanças abruptas que causam perturbação em um sistema ou processo.

Disrupções tendem a confrontar padrões e perspectivas de sentir, pensar e agir das pessoas, colocando em cena a "transformação das coisas como são pensadas e feitas". Disrupções podem ser cenário de novos desafios e oportunidades para inovação, novas aprendizagens e crescimento para as pessoas e para as organizações, mas também podem representar rompimento das "regras do jogo", perdas ou mudanças de status quo, aumento da insegurança e da resistência emocional à perda da estabilidade percebida.

Disrupções impactam na cultura das organizações, assim como em outras dimensões da vida. Elas podem desencadear ciclos ou processos de transição em resposta às mudanças no ambiente, tanto para as pessoas quanto para as organizações. É fundamental que esses processos de transição sejam compatíveis com a capacidade real de mudança de cada indivíduo e organização.

As disrupções podem desafiar as normas estabelecidas, quebrar padrões existentes e criar oportunidades. Elas têm o potencial de remodelar não apenas a forma como as organizações operam, mas também a maneira como as pessoas vivem e interagem. Em um contexto organizacional, as disrupções podem forçar as empresas a reavaliarem suas estratégias, modelos de negócios e até mesmo sua identidade organizacional para se manterem relevantes em um ambiente em constante mudança. Por exemplo, é importante compreender os impactos psicológicos e sociais de processos de reestruturação, de processos organizacionais ou choques culturais internos e externos às organizações.

Para as pessoas, as disrupções podem significar a necessidade de adquirir novas habilidades, ajustar suas expectativas e estar abertas a novas formas de pensar e agir. Isso pode exigir um processo de adaptação emocional e cognitiva, já que as mudanças nem sempre são fáceis ou confortáveis. A implementação bem-sucedida de processos de mudança requer não apenas a identificação de oportunidades e desafios, mas também a criação de ambientes de trabalho ao mesmo tempo resilientes e sensíveis às disrupções, a fim de aprender com as suas decorrências.

Referências

Alvesson, M. (2012). *Understanding Organizational Culture*. London: SAGE Publications.

Guerreiro, M. (2000). *Pré-socráticos: a invenção da filosofia*. Campinas: Papirus.

Lightman, A. (2014). *Sonhos de Einstein*. São Paulo: Companhia das Letras.

Sagan, C. (2006). *O mundo assombrado pelos demônios: a ciência vista como uma vela no escuro*. São Paulo: Companhia das Letras.

Schein, E. H. (2009). *Cultura organizacional e liderança*. São Paulo: Atlas.

Warrick, D. D. (2017). What leaders need to know about organizational culture. *Business Horizons*, *60*(3), 395-404. Disponível em: https://doi.org/10.1016/j.bushor.2017.01.011

Williams, P. (2022). Organisational culture: definitions, distinctions, and functions. In: C. Newton, C., & R. Knight, (Eds.). *Handbook of Research Methods for Organisational Culture* (pp. 5-22). Edward Elgar Publishing.

Roberto Moraes Cruz – Psicólogo, especialista em avaliação psicológica, ergonomia e gestão de recursos humanos, mestre em Psicologia e em Educação, doutor em Engenharia de Produção, pós-doutorado em Métodos e Diagnóstico. Atualmente é professor e pesquisador do Departamento e do Programa de Pós-Graduação em Psicologia da Universidade Federal de Santa Catarina. Líder do Laboratório Fator Humano (UFSC) e pesquisador do Núcleo de Pesquisa em Neuropsicologia e Saúde. Coordenador da Comissão Consultiva de Avaliação Psicológica do Conselho Federal de Psicologia. Ênfases de estudos: avaliação de aspectos clínicos e epidemiológicos em saúde e trabalho na pesquisa em Psicologia; procedimentos e instrumentos de avaliação de programas de formação profissional.

CAPÍTULO 3

Liderança Humanizada:

Desenvolvendo Competências que Engajam e Inspiram uma Cultura de Alto Desempenho

Soraia Pena

"Grandes líderes
podem ver a grandeza nos outros
quando eles mesmos não podem vê-la
e conduzi-los ao seu potencial
mais alto que eles nem conhecem."
Roy T. Bennett

Liderança em um mundo moderno: desafios e qualidades necessárias

A denominação "liderança humanizada" traz consigo uma ironia inerente, pois a liderança, por definição, apesar de não ser um fenômeno essencialmente humano, no contexto organizacional, trata-se exclusivamente da relação racional entre seres humanos. E precisar qualificar a liderança como "humanizada" sugere-se que existe um desvio do que deveria ser a norma.

A liderança humanizada é um conceito que se tornou cada vez mais relevante desde que o mundo foi abalado pelos profundos impactos da pandemia da covid-19. Durante esse período, a fragilidade humana e a necessidade de cuidados mais atentos tornaram-se evidentes, exigindo dos líderes uma abordagem mais empática e compreensiva.

No contexto empresarial, as repercussões foram significativas, não apenas devido às flutuações econômicas que afetaram diversos setores, mas também pelo impacto profundo que a pandemia teve sobre os colaboradores ao redor do globo. As pessoas enfrentaram desafios sem precedentes, como o isolamento social, a incerteza quanto ao futuro e a adaptação a novas formas de trabalho, como o *home office*.

Diante desse cenário, a liderança humanizada emergiu como uma resposta necessária, focando na valorização do bem-estar dos colaboradores, na promoção de um ambiente de trabalho mais saudável e inclusivo, e no fortalecimento dos laços de confiança e apoio mútuo. Os líderes passaram a reconhecer a importância de práticas que consideram as necessidades emocionais e psicológicas de suas equipes, promovendo não apenas a produtividade, mas também a resiliência e o engajamento a longo prazo.

Neste sentido, remeto-me a comparar os conceitos do famoso autor Zygmunt Bauman, que distinguiu "sociedade sólida" e a "sociedade líquida" para examinar a necessidade *sine qua non* de se fomentar a liderança humanizada nos tempos atuais.

Então vamos à comparação. Na "sociedade sólida", as estruturas sociais são rígidas e estáveis, proporcionando segurança e previsibilidade, mas também uma resistência à mudança e à adaptação. As normas e instituições são bem definidas e duradouras, oferecendo uma base firme, porém muitas vezes inflexível, para a organização social. Em contraste, a "sociedade líquida" é caracterizada pela fluidez e pela constante transformação. As relações, identidades e instituições são mais maleáveis e temporárias, refletindo uma realidade em que a adaptação e a flexibilidade são essenciais. Essa sociedade é marcada pela liberdade e inovação, mas também pela incerteza e instabilidade, exigindo dos indivíduos e organizações uma capacidade contínua de reinvenção (Bauman, 2000).

Desta forma, os líderes da "sociedade sólida" enfrentam dificuldades em acompanhar as rápidas transformações do mundo atual, o que resulta na aplicação inadequada das mudanças e inovações, acabando por desmotivar suas equipes. Já na "sociedade líquida" caracterizada pela liberdade, mas também pela insegurança decorrente de constantes mudanças, os líderes estão sendo desafiados a se adaptarem à mentalidade humanizada. Nesse contexto, o líder enfrenta o desafio de unir e conquistar sua equipe, promovendo a autonomia e intervindo de maneira a alinhar o comportamento de determinados setores aos objetivos organizacionais (Ferreira, 2011). Ou seja, neste cenário, a liderança humanizada precisa ir além da empatia e da compreensão, exigindo uma capacidade de adaptação e uma visão estratégica que engloba tanto o bem-estar dos colaboradores quanto a responsabilidade social e ambiental. A superação desses desafios passa pela adoção de práticas que incentivem a inovação colaborativa, o apoio mútuo e a construção de um ambiente de trabalho inclusivo e sustentável, refletindo um compromisso com o desenvolvimento humano e o progresso coletivo.

A nova dinâmica da liderança

Amigo leitor, peço licença para fazer uso de uma metáfora para que possamos discorrer sobre esse tema de uma maneira mais didática. Imagine você que a liderança humanizada seja como a figura de um jardineiro atencioso. Cada membro da equipe é como uma planta única, com suas próprias características e necessidades específicas de luz, água e nutrientes. Assim como um jardineiro cuidadoso entende as particularidades de cada planta e age de acordo para garantir seu crescimento saudável, os líderes humanizados precisam compreender as necessidades e motivações individuais de seus colaboradores para poder atendê-los de maneira ética, respeitosa e empática, garantindo a beleza de um jardim diverso em cores, formas, perfume...

Assim como diferentes plantas têm necessidades específicas de luz, algumas preferindo sombra e outras precisando de sol pleno, os colaboradores de uma equipe, também têm preferências e necessidades únicas em relação a seu ambiente de trabalho, suas jornadas, seus benefícios. Alguns podem prosperar em ambientes mais colaborativos, enquanto outros preferem trabalhar de forma mais independente. Uns são mais matutinos e outros completos "morcegos" que preferem as noites para melhor performar. Há quem prefere trabalhar em um escritório formal em horário comercial, há os adeptos de *anywhere office*, e aqui esse *office* pode ser a cadeira de praia exatamente na praia. Os líderes humanizados estão atentos a essas diferenças e adaptam a estrutura, suas falas e as práticas de trabalho para melhor atender às necessidades individuais, de modo a promover um ambiente em que todos possam florescer. Não, amigo leitor, não estamos dizendo que em uma organização todo mundo pode fazer o que quiser e bem entender. Estamos defendendo que, em organizações com culturas fortes, os líderes são mais seguros a ponto de beneficiar seus membros respeitando particularidades possíveis.

Da mesma forma, assim como diferentes plantas precisam de quantidades variadas de água e nutrientes específicos, cada profissional possui diferentes necessidades de apoio e orientação para seu desenvolvimento. Alguns podem precisar de mais *feedback* e supervisão próxima, enquanto outros podem preferir mais autonomia e liberdade para desenvolver suas próprias ideias. E, nestes casos, os líderes humanizados estão presentes na medida certa, para fornecer o suporte adequado, reconhecendo e valorizando as variadas habilidades e necessidades de cada membro da equipe.

Além disso, assim como um jardineiro paciente observa sinais de crescimento, saúde ou pragas em suas plantas, os líderes humanizados também estão atentos às emoções e ao bem-estar de seus colaboradores. Eles são sensíveis às mudanças de humor, estresse ou frustrações, buscando criar um ambiente onde os profissionais se sintam ouvidos, valorizados e apoiados. Dessa forma, os líderes humanizados constroem relacionamentos sólidos e de confiança, estabelecendo um espaço de segurança psicológica.

Liderar de maneira humanizada não significa tratar todos os indivíduos da mesma maneira, mas sim reconhecer a singularidade de cada um e adaptar a liderança de acordo. E, para tal, há que se compreender como se pôr em prática algumas competências mencionadas.

Segundo Van Dierendonck (2021), a liderança humanizada também se assemelha a uma rede de segurança que proporciona um ambiente em que os colaboradores se sentem seguros para correr riscos e explorar novas ideias, assim como uma árvore precisa de espaço e segurança para se expandir e crescer.

Recorrido à metáfora, vamos nos aprofundar um pouco na dinâmica atual das organizações. A sociedade atual é marcada por uma forte tendência à individualidade, um traço que, na era da sociedade 5.0, limita a capacidade de pensamento coletivo e a busca por soluções colaborativas para os problemas existentes. Muitas empresas ainda hoje focam exclusivamente no lucro, negligenciando os desafios enfrentados pela sociedade que, por sua vez, frequentemente resultam em dificuldades para seus colaboradores (FIA, 2019; Lopes, 2020).

Na contrapartida, a liderança nos tempos líquidos exige uma inteligência emocional avançada, pois o líder não precisa apenas entender a si próprio, mas também captar e responder às necessidades e emoções de sua equipe, sem desprivilegiar a produtividade e rentabilidade do negócio. A necessidade de adjetivação "humanizada" indica que, em muitos contextos, as práticas de liderança podem se desviar da humanidade intrínseca, tornando-se mecânicas e desumanizadas, o que revela uma desconexão preocupante na dinâmica das relações de poder e gestão.

Por muitos anos, acreditava-se que o papel do líder era exclusivamente extrair resultados e atingir, para não dizer superar metas. A constante evolução e as mudanças no mundo organizacional têm evidenciado a necessidade de líderes que possuam a capacidade de adaptação, humanização e simplificação na gestão. Muitos líderes tradicionais estão deixando seus cargos ou sendo substituídos por não conseguirem se adaptar às novas demandas, abrindo espaço para novos líderes que conseguem incentivar suas equipes através de uma abordagem mais humanizada e positiva.

Somado a esse cenário, há ainda outro fenômeno ocorrendo na modernidade, de acordo com um estudo conduzido por *Gorick Ng*, consultor de carreiras de *Harvard*: apenas 2% dos jovens nascidos entre 1997 e 2012 demonstram interesse em alcançar cargos de liderança nas empresas onde trabalham. Essa desmotivação está principalmente relacionada ao modelo tradicional de trabalho. Entre os pontos mais comuns levantados pelo especialista estão:

– Aversão ao ambiente corporativo;

– Busca por flexibilidade e diversidade;

– Pouca ambição de carreira;

– Busca por responsabilidade social corporativa;

– Aversão a rotinas operacionais repetitivas.

Além disso, em um mundo onde o mercado de trabalho está cada vez mais digital, a intolerância com jornadas de trabalho presenciais de oito às dezoito horas é outro fator que vem desmotivando os jovens.

Dito isso, observamos que diante dessa globalização, com a revolução tecnológica e as transformações sociais moldando um novo comportamento nos indivíduos, aqueles que desejam seguir no caminho da liderança precisam desenvolver a adaptabilidade, a humildade e a resiliência como competências primordiais, apesar de nem sempre naturais, porém, neste contexto, essenciais. E as empresas que estão cientes dessa necessidade estão investindo pesado para a formação de líderes que correspondam ao modelo mais próximo do ideal e assim se destacam com o alto desempenho de seus talentos, atratividade e reputação, digamos que conquistas estas que raramente se compra e, se compradas, não se sustentam a longo prazo.

Os líderes dos tempos modernos devem (sim, no imperativo) ser visionários, capazes de prever tendências e antecipar desafios, oferecer suporte enquanto mantêm a flexibilidade para ajustar estratégias conforme necessário, cultivar a mentalidade ágil. Essa capacidade de adaptação é crucial para atender às expectativas dos liderados, que buscam não apenas estabilidade em seus empregos, mas também oportunidades de crescimento e desenvolvimento contínuo.

A humildade ou a liderança humilde, conforme concebida por Jim Collins (2014), é caracterizada pela combinação única de determinação feroz e humildade pessoal. Collins, em suas obras como "Empresas Feitas para Vencer", destaca que líderes verdadeiramente eficazes são aqueles que não buscam a glória pessoal, mas sim o sucesso duradouro de suas equipes e organizações.

Esses líderes possuem a capacidade de canalizar ambição e disciplina para metas coletivas, ao mesmo tempo em que cultivam um ambiente de respeito mútuo e aprendizado contínuo. A humildade nesse contexto não se traduz em passividade ou falta de ambição, mas sim na disposição de ouvir, aprender com os outros e reconhecer que o sucesso é um esforço conjunto.

Para Collins, a liderança humilde não apenas inspira confiança e lealdade, mas também promove uma cultura organizacional resiliente e orientada para o longo prazo. A resiliência, em particular, emerge como uma habilidade vital na navegação de um mundo em constante mudança. Ela capacita indivíduos e organizações a se recuperarem de adversidades, se adaptarem rapidamente às novas circunstâncias e continuarem a prosperar, apesar das incertezas e desafios.

No contexto de liderança, a resiliência permite que líderes mantenham o foco e a clareza de propósito em meio ao caos, promovendo um ambiente de trabalho positivo e sustentando o moral da equipe. Além disso, a resiliência está intrinsecamente ligada à humildade, pois líderes resilientes reconhecem suas próprias limitações, buscam aprendizado contínuo e estão abertos a *feedbacks* construtivos.

Essa combinação de habilidades é essencial para enfrentar os impactos imprevisíveis da globalização e das rápidas mudanças impulsionadas pela tecnologia e as demandas dinâmicas da sociedade moderna, garantindo a sustentabilidade e o crescimento das organizações. Algumas empresas brasileiras que apresentam altos indicadores de *ESG (Environmental, Social and Governance)* na B3, como a Natura, Itaú Unibanco e Banco do Brasil, estão colhendo os frutos de uma equipe mais produtiva, criativa e comprometida. Esse sucesso está diretamente relacionado à postura mais humilde, resiliente e adaptável de seus líderes. Segundo o relatório de sustentabilidade do Itaú Unibanco de 2022, houve um aumento de 15% na satisfação dos colaboradores devido a práticas de liderança mais inclusivas e focadas no bem-estar. A Natura, reconhecida por suas práticas sustentáveis, também relatou um crescimento de 20% na inovação de produtos atribuída a um ambiente de trabalho que valoriza a colaboração e a diversidade (Natura, 2022; Itaú Unibanco, 2022).

Princípios orientadores de uma liderança humanizada

Valorização do capital humano: A liderança humanizada reconhece os colaboradores como o recurso mais valioso de uma organização. Segundo Edgar Schein (2004), um dos principais teóricos da cultura organizacional, a promoção do bem-estar dos colaboradores é essencial para o aumento da eficiência e da sustentabilidade das empresas. Schein explora como líderes que são atentos à cultura organizacional podem criar um ambiente de trabalho onde os valores compartilhados, a transparência e a confiança são fundamentais para sustentar o comprometimento dos colaboradores com os objetivos organizacionais. A abordagem de Schein enfatiza que a cultura organizacional deve ser cuidadosamente cultivada para refletir a missão, visão e valores da empresa. Isso inclui práticas de comunicação aberta, reconhecimento do trabalho e desenvolvimento contínuo dos colaboradores. Por exemplo, líderes que promovem uma cultura de *feedback* constante ajudam a construir um ambiente em que os profissionais se sentem valorizados e ouvidos, o que aumenta o engajamento e a produtividade. Outra dimensão importante destacada por Schein é a capacidade dos líderes de serem modelos de comportamento. Dimensão muito explorada por Carolyn Taylor em seu *best-seller* de 2014, *Walking the talk*.

Promoção da cultura de segurança psicológica: Amy Edmondson (2019), por meio do conceito de segurança psicológica, argumenta que ambientes onde os colaboradores se sentem seguros para expressar ideias, cometer erros e ser vulneráveis promovem a inovação e o aprendizado organizacional. Líderes humanizados desempenham um papel crucial na criação dessa cultura ao incentivar o diálogo aberto, reconhecer as contribuições individuais e facilitar a resolução construtiva de conflitos. Ao promover um ambiente de confiança, esses líderes não apenas valorizam as opiniões e ideias dos colaboradores, mas também fomentam um clima de respeito mútuo. Isso se traduz em uma disposição maior para assumir riscos criativos e explorar novas soluções sem o medo de represálias. A segurança psicológica permite que os erros sejam vistos como oportunidades de aprendizado, em vez de falhas a serem punidas, o que é essencial para a inovação contínua. Além disso, líderes humanizados cultivam um senso de pertencimento e inclusão, em que cada membro da equipe se sente valorizado e parte integrante do sucesso coletivo. Eles promovem reuniões regulares nas quais todos podem compartilhar suas perspectivas e *feedback*, garantindo que a comunicação seja bidirecional e eficaz. Edmondson destaca que a construção de segurança psicológica requer ações intencionais e consistentes por parte dos líderes. Isso inclui dar exemplo, mostrando vulnerabilidade, pedindo *feedback* e admitindo seus próprios erros. Quando os líderes demonstram essas qualidades, eles estabelecem um padrão de comportamento que encoraja todos na organização a fazer o mesmo. A prática de reconhecer as contribuições individuais também é fundamental. Ao celebrar os sucessos e esforços dos colaboradores, os líderes reforçam o valor de cada pessoa na equipe. Isso não só melhora o moral, mas também aumenta o engajamento e a dedicação, resultando em maior produtividade e satisfação no trabalho. Por fim, a resolução construtiva de conflitos é uma habilidade essencial para líderes humanizados. Em vez de evitar ou reprimir conflitos, eles os abordam de maneira aberta e colaborativa, buscando soluções que beneficiem todas as partes envolvidas. Isso ajuda a manter um ambiente de trabalho harmonioso e eficiente.

Ética e integridade: A ética e a integridade são pilares fundamentais da liderança humanizada, servindo como princípios norteadores que moldam o comportamento e as decisões dos líderes. Estes valores não são apenas conceitos abstratos, mas práticas concretas que influenciam diretamente o ambiente de trabalho e a cultura organizacional. A ética na liderança envolve a adoção de comportamentos que são moralmente corretos e justos, enquanto a integridade refere-se à consistência entre palavras e ações, demonstrando honestidade e transparência. Juntos, esses princípios criam uma base sólida para a confiança mútua e o respeito entre líderes e suas equipes. Líderes exemplares inseridos em uma cultura forte praticam a Transparência na comunicação, compartilhando informações importantes e justificando suas decisões quando possível e necessário. Isso evita mal-entendidos e promove um ambiente de confiança. Percebemos também que as decisões são tomadas com base em princípios de justiça e equidade, considerando o bem-estar de todos os *stakeholders*, não apenas os interesses financeiros da empresa.

Práticas efetivas da liderança humanizada

Sendo a liderança humanizada uma abordagem que coloca as pessoas no centro das estratégias organizacionais para fomentar um ambiente em que o capital humano possa prosperar, os líderes devem adotar práticas que promovam o bem-estar e o desenvolvimento de seus colaboradores, tais como fortalecer a cultura positiva e zelar pela sustentabilidade do negócio.

Algumas dessas práticas incluem:

Comunicação transparente e autêntica: Assim como enfatiza Simon Sinek (2019), a comunicação cristalina é um pilar fundamental da liderança. Sinek destaca a importância de líderes que são capazes de comunicar de maneira clara, inspiradora e que ressoem com os valores pessoais de seus colaboradores. Para esse autor, líderes devem ser capazes de articular um propósito compartilhado que vá além dos objetivos financeiros e operacionais. Este propósito deve ser inspirador e capaz de conectar emocionalmente com os colaboradores, criando um senso de pertencimento e significado no trabalho diário. A Zappos, uma empresa norte-americana de comércio eletrônico especializada em calçados e roupas, é frequentemente citada como um exemplo de sucesso na implementação de comunicação transparente e autêntica. Nessa empresa a transparência sempre foi um valor central. A empresa adota práticas de comunicação aberta em que os líderes compartilham informações sobre o desempenho da empresa, desafios e planos futuros com todos os colaboradores. O seu falecido fundador e CEO Tony Hsieh relatou, no seu livro escrito em 2010, intitulado Satisfação Garantida, que no ano de 2004 uma prática de comunicação que reforçava a cultura transparente foi criada e batizada de Pergunte Qualquer Coisa, e destas perguntas um boletim mensal era publicado. Logo pelo título da ação, pode-se inferir o quanto o fomento à cultura da transparência era não só pregada, mas também praticada. Adotar uma abordagem de comunicação transparente e autêntica, como defendida por Simon Sinek, não é apenas uma prática ética, mas uma estratégia poderosa para construir uma cultura coesa, inovadora e resiliente, através da relação líder e equipe. Empresas que conseguem implementar esses princípios, como a Zappos, demonstram que é possível criar ambientes de trabalho onde a confiança, o engajamento e a inovação prosperam, resultando em sucesso sustentável a longo prazo.

Empoderamento e delegação responsável: Stephen Covey, autor renomado e especialista em liderança, defende uma abordagem de liderança fundamentada na confiança mútua e no empoderamento dos colaboradores. Em seu livro "Os 7 Hábitos das Pessoas Altam ente Eficazes", de 1989, Covey argumentava que líderes eficazes — e porque não agora denominá-los de humanizados — são aqueles que capacitam suas equipes a tomar decisões autônomas, ao mesmo tempo em que fornecem orientação e suporte, conforme necessário. Esta abordagem não apenas melhora o desempenho individual, mas também cria um ambiente de responsabilidade compartilhada e crescimento contínuo. Para ele, empoderar os colaboradores significa permitir que eles tomem decisões dentro de suas áreas de responsabilidade. Covey em sua teoria sugeria que os líderes devem fornecer o contexto necessário e os recursos adequados para que os membros da equipe possam agir de forma independente, sem a necessidade de microgerenciamento. Empoderar, delegar, não significa ausentar-se ou "delargar", como dito popularmente. Mesmo com a autonomia, o suporte do líder continua sendo essencial. Covey enfatiza a importância de oferecer orientação quando solicitada e de estar disponível para resolver problemas e fornecer *feedback* construtivo. Este suporte contínuo ajuda a manter os colaboradores alinhados com os objetivos organizacionais.

Reconhecimento e *feedback* construtivo: Ken Blanchard, outro renomado autor e especialista em liderança, explora diversas estratégias para fornecer *feedback* eficaz e reconhecimento sincero. Em suas obras, Blanchard enfatiza a importância de líderes que não apenas reconhecem, mas também celebram as contribuições individuais. Essa abordagem fortalece o moral da equipe, incentiva a excelência e promove um ambiente de trabalho positivo e gratificante. O *Google* é um exemplo notável de uma empresa que implementou com sucesso um sistema de reconhecimento baseado em *feedback* contínuo e reconhecimento público. Este sistema tem como pilares principais:

1. *Peer-to-Peer Recognition:* Os colaboradores são encorajados a reconhecer uns aos outros através de uma plataforma interna. Isso cria uma cultura de apreciação mútua e empoderamento.

2. *Googlegeist Survey*: Esta é uma pesquisa anual que coleta *feedback* dos colaboradores sobre diversos aspectos do ambiente de trabalho. Os resultados são usados para identificar áreas de melhoria e reconhecer as equipes que se destacam.
3. *Spot Bonuses:* Pequenos bônus financeiros são dados como reconhecimento imediato para colaboradores que demonstram excelência ou inovação em suas tarefas.
4. *OKRs (Objectives and Key Results):* Este sistema de metas permite que os colaboradores vejam claramente como suas contribuições individuais se alinham com os objetivos da empresa, proporcionando um senso de propósito e realização.

A implementação de estratégias de reconhecimento e *feedback* construtivo, conforme proposto por Ken Blanchard na década de 80 e exemplificado pelo *case* mais recente do *Google*, demonstra claramente como essas práticas podem fortalecer a relação com a liderança, assim como sustentar uma cultura forte. Elas, portanto, não apenas elevam o moral e o engajamento dos colaboradores, mas também impulsionam o desempenho organizacional, criando um ciclo virtuoso de crescimento e satisfação.

Desenvolvimento contínuo: O conceito de *lifelong learning* (aprendizado ao longo da vida) é defendido por diversos autores. Um deles é Peter Senge, autor do livro "A Quinta Disciplina". Ele enfatiza a importância de uma mentalidade de aprendizado contínuo para enfrentar os desafios complexos do mundo atual. Além disso, Carol Dweck, em seu livro *"Mindset"*, explora como a mentalidade de crescimento (a crença de que habilidades podem ser desenvolvidas) impacta o sucesso e o desenvolvimento pessoal dos colaboradores, sendo fundamental para o sucesso de qualquer organização. Nesse contexto, o papel do líder é crucial, pois ele não apenas orienta a equipe, mas também promove um ambiente propício ao aprendizado e crescimento individual. Assim, o líder humanizado pode contribuir para o desenvolvimento contínuo, pois, reconhecendo que o aprendizado é um processo constante, ele fomenta uma cultura que valoriza o conhecimento e incentiva a busca por novas habilidades; busca também, através de seu *business partner* ou área de gestão de pessoas, oferecer treinamentos, *workshops* e programas de mentoria para proporcionar oportunidades de aprendizado; ele provoca conversas regulares sobre metas de carreira, interesses pessoais e áreas de aprimoramento, ajudando a personalizar o desenvolvimento de cada profissional. Em resumo, o líder humanizado é um facilitador do desenvolvimento contínuo, pois cria um ambiente seguro, valoriza a diversidade de aprendizado e investe no crescimento de sua equipe, contribui assim para o sucesso individual e coletivo da organização.

Equilíbrio entre vida profissional e pessoal: Líderes que defendem políticas que apoiem o equilíbrio entre vida profissional e pessoal é essencial para o bem-estar dos colaboradores e o sucesso da empresa. Quando implementadas de forma eficaz, essas práticas podem ter impactos significativos. Um ambiente de trabalho que valoriza o equilíbrio entre vida profissional e pessoal contribui para o bem-estar de todos e para a felicidade dos profissionais. Como revelado pela pesquisa *"The Happiness Dividend"*, da *Harvard Business Review* em 2011, colaboradores felizes apresentam um aumento significativo em diversos indicadores de performance, como as vendas em 37%, a produtividade em 31% e a precisão nas tarefas em 19%.

Outro fator importante a ser considerado é a redução do estresse quando a liderança apoia o equilíbrio adequado entre jornada de trabalho e tempo de desconexão. Quando os colaboradores recarregam devidamente suas energias, gozar de uma noite tranquila de sono, sua saúde mental melhora. Isso reduz o risco de esgotamento.

E por último, mas não menos importante, líderes que respeitam e fomentam o bem-estar dos colaboradores conquistam uma reputação positiva. Isso mantém sua equipe engajada, melhora o clima de seu departamento e revela números melhores nas reuniões do *board*. Ademais, uma imagem corporativa que valoriza o equilíbrio entre vida pessoal e profissional é um diferencial competitivo no mercado.

Ambiente inclusivo e diversificado: A promoção de um ambiente inclusivo e diversificado é fundamental para o sucesso das organizações. Quando a cultura organizacional valoriza a diversidade, equidade e inclusão, ela não apenas atrai talentos, mas também fortalece a produtividade e a inovação. Diversidade refere-se à variedade de características e experiências presentes em uma força de trabalho. Isso inclui diferenças de gênero, etnia, orientação sexual, habilidades, origem cultural e muito mais. Por sua vez, inclusão é a criação de um ambiente onde todos os colaboradores se sintam valorizados, respeitados e parte integrante da organização. Envolve políticas, processos e atitudes que garantem igualdade de oportunidades. Os benefícios da diversidade e inclusão são inúmeros. Empresas com equipes diversas têm maior probabilidade de gerar ideias inovadoras. A variedade de perspectivas estimula a criatividade e a resolução de problemas. Além disso, colaboradores que se sentem incluídos e valorizados são mais engajados e produtivos. Nesse contexto, a liderança humanizada desempenha um papel crucial. Eles não apenas contratam de forma diversificada, mas também garantem que todos tenham voz e participem ativamente.

Por fim, a liderança humanizada não é apenas uma tendência, mas uma necessidade no contexto organizacional atual, em que a complexidade e as demandas dinâmicas exigem uma abordagem mais empática, ética e colaborativa. Ao cultivar habilidades como o empoderamento, a comunicação transparente, o reconhecimento genuíno e o aprendizado contínuo, os líderes podem inspirar suas equipes a alcançar um alto desempenho sustentável, ao mesmo tempo em que promovem o bem-estar e a satisfação no trabalho. Assim dito, creio, amigo leitor, que a adoção da liderança humanizada não só impulsiona o sucesso organizacional, mas também contribui para a criação de uma sociedade mais justa e inclusiva, onde cada indivíduo tem a oportunidade de florescer e alcançar seu pleno potencial.

Referências

Achor, S. (2011). *The Happiness Dividend.* Harvard Business Review.

Bauman, Z. (2000). *Modernidade líquida.* Rio de Janeiro: Jorge Zahar.

Blanchard, K. (1982). Estratégias para fornecer feedback eficaz e reconhecimento sincero. In: *The One Minute Manager.* William Morrow.

Collins, J. (2014). *Empresas Feitas para Vencer: Por Que Algumas Empresas Alcançam a Excelência... E outras não.* São Paulo: Editora HSM.

Covey, S. (1989). Liderança baseada na confiança mútua e no empoderamento dos colaboradores. In: *The 7 Habits of Highly Effective People.* Simon & Schuster.

Direndonck, V. (2021). *Leadership in Organizational Psychology: Approaches and Strategies for Future Impact.* Springer.

Dweck, C. S. (2007). *Mindset: a nova psicologia do sucesso.* Tradução de Maria Carmelita Pádua Dias. 1. ed. São Paulo: Objetiva.

Edmondson, A. (2019). A segurança psicológica e os ambientes inovadores. In: *The Fearless Organization.* John Wiley & Sons.

Ferreira, P. *Tipos de liderança na modernidade líquida – Parte I.* Administradores.com, 2011. Disponível em: administradores.com.br/artigos/tipos-de-lideranca-na-modernidade-liquida-parte-i

FIA. (2019). *Sociedade 5.0: O que é, Objetivos e Como Funciona.*

Goleman, D. (1995). A importância das competências emocionais e a inteligência emocional para o sucesso na liderança. In: *Emotional Intelligence: Why It Can Matter More Than IQ*. Bantam Books.

Hsieh, T. (2010). *Satisfação Garantida. No Caminho do Lucro e da Paixão*. Rio de Janeiro: Thomas Nelson.

Itaú Unibanco. *Relatório de Sustentabilidade 2022*.

Natura. *Relatório de Sustentabilidade 2022*.

Schein, E. (2004). A cultura organizacional e sua importância no bem-estar e na eficiência. In: *Organizational Culture and Leadership*. Jossey-Bass.

Senge, P. M. (2006). *A quinta disciplina: arte e prática da organização que aprende*. 30. ed. Rio de Janeiro: Best Seller.

Sinek, S. (2009). O poder da comunicação clara e inspiradora na liderança. In: *Start with Why: How Great Leaders Inspire Everyone to Take Action*. Penguin.

Taylor, C. (2007). *Walking the talk: building a culture for success*. 2. ed. New York: Random House.

CAPÍTULO 4

Colaboração Criativa

Alessandra Araujo,
Ana Carolina Toledo

Nas convergências de nossas ideias,
encontramos a potência da inteligência coletiva
para escrever sobre Colaboração.
A Colaboração Criativa
permite criar somando
com as genialidades individuais
algo mais representativo, diverso e inovador.

Convidamos você para uma reflexão. Como tem mudado seus hábitos de pesquisa, de locomoção, de viagens e de acomodações? Como você adquire seus alimentos? Como tem acessado novos conhecimentos? Como conversa com pessoas que não estão no mesmo espaço físico? E o que mais? Podemos atribuir que foram mudanças de tecnologia, mas vão além. Mudam nossos hábitos e comportamentos. Extrapolando temas que possam ter iniciado na tecnologia, temos outras mudanças em curso. Vivemos recentemente uma pandemia muito séria. Estamos lidando com os desafios das mudanças climáticas. A lista é longa de como o viver tem mudado.

O novo mundo já tem um segundo nome: BANI. Ele é a evolução do mundo VUCA. Do acrônimo em inglês para Brittle, Anxious, Nonlinear e Incomprehensible, que em tradução livre significa Frágil, Ansioso, Não linear e Incompreensível.

Rapidamente neste novo mundo aprendemos que a fragilidade pode alterar e desequilibrar a qualquer momento as estruturas mais inabaláveis que conhecemos, deixando-nos com a certeza de que não há previsibilidade. Ainda carregamos na memória a pandemia da covid-19, que alterou o estado das coisas, chacoalhando nossas estruturas internas e externas.

A falta de previsibilidade e a incerteza permanente afetam nosso sistema nervoso, nos deixando e deixando todos os sistemas mais ansiosos, aumentando ainda mais o senso de urgência, aspectos sentidos tanto pelas empresas, quanto pelos profissionais.

A não linearidade mais percebida agora no mundo moderno é resultado da interconexão complexa de fatores e sistemas, em que pequenas mudanças podem levar a grandes impactos. Cabe salientar que a complexidade rege tudo que é vivo e que está nos sistemas desde sempre. Devido a estas características intrínsecas da complexidade, tudo está em relação, e das diversas formas de relações surgem os acontecimentos emergentes. Porém, a visão mais mecanicista e industrial das penúltimas revoluções industriais gerou a falsa impressão de que tínhamos controle dos processos, que tudo seguia sempre uma ordem e que os resultados sempre seguiam o planejado. Até certo ponto, isso aconteceu e ainda acontece, mas este pensamento não pode ser exportado para todas as relações, mercados e formas de viver.

Devido a esta exportação da visão mecanicista e linear para várias áreas do conhecimento e sua aplicação, o excesso de acontecimentos, excesso de dados, excesso de informações e exigências geram a falta de compreensão. São tantas variáveis e conteúdos divergentes entre si, que é normal se sentir perdido no meio de tudo. Mal se entende um conceito e tudo já mudou, ele é atualizado, sendo necessário reaprender para aprender. "Aqueles que praticam sistemas de pensamento têm uma forte preferência por uma visão completa do todo. Por alguma razão, todos gostamos de montar um quebra-cabeça; gostamos de ver surgir a imagem por inteiro. Por isso, não é surpreendente que a pouca saúde do mundo atual guarde uma proporção direta com a nossa incapacidade de ver o mundo como uma totalidade" (Senge, 1990, p. 91).

Segundo estudos importantes, o mundo acelerou em 1 ano transformações previstas para 2 décadas.[1]

Para acompanhar estas transformações e continuarmos atuantes em nossas relações e nas organizações, será necessário adaptar parte do nosso conhecimento para termos as competências necessárias para responder ao contexto.

O modelo mecanicista, originário da Revolução Industrial, foi e continua sendo uma abordagem predominante na gestão organizacional. Baseada em princípios de hierarquia rígida, divisão do trabalho, especialização, eficiência, conformidade e controle centralizado, esse modelo nos traz

---

[1] Disponível em: https://uoledtech.com.br/blog/mundo-bani-5-motivos-para-capacitar-seus-colaboradores-agora

desafios significativos e não se adapta ao mundo moderno, marcado por complexidade, mudança rápida e interconexão. Devemos sair da mentalidade de "fazer as coisas como sempre fizemos e sempre tivemos sucesso" e olhar para como fazer pertinente. Somente assim poderemos evoluir junto com esta transformação e criar modelos mais ágeis, inovadores e adaptativos, cultivando culturas que incentivem a colaboração, a criatividade e a aprendizagem contínua.

No cenário atual, a busca pela inovação e a necessidade de adaptação contínua são imperativos para a sobrevivência e o crescimento das organizações. Uma das chaves para alcançar esses objetivos está em cultivar uma cultura organizacional saudável que estimule a colaboração criativa entre os membros da equipe.

A cultura organizacional é o coração pulsante de qualquer empresa. Não é à toa que existe a frase do Peter Senge que a cultura come a estratégia no café da manhã. A cultura é conjunto de valores, crenças e práticas que moldam a maneira como os funcionários se comportam, interagem e trabalham junto, o que retroalimenta o que é a cultura da organização.

Uma cultura saudável promove um ambiente de trabalho positivo, estimula a diversidade, aprendizado e o crescimento pessoal e profissional de seus colaboradores e a longevidade da própria organização.

Nós compreendemos que a cultura saudável ocorre onde há segurança psicológica e as pessoas se inter-relacionam de maneira autêntica, genuína e humana. A segurança psicológica é a crença coletiva de que o ambiente é seguro o suficiente para que as pessoas se arrisquem com novas ideias, perspectivas diversas, mostrando suas habilidades e desafios. Isso nada mais é do que as pessoas terem a sensação de que o ambiente promove liberdade para manifestações criativas.

Para nós, a cultura saudável serve como alicerce para promover a colaboração criativa no time, resultando em engajamento dos colaboradores e inovação contínua; portanto, entendemos que é mais do que um ideal a ser alcançado, é urgente para qualquer organização que deseje prosperar no longo prazo.

Uma das principais manifestações de uma cultura saudável é a promoção da colaboração criativa. A colaboração criativa não apenas aumenta o potencial de encontrar soluções inovadoras, mas também fortalece os laços entre os membros da equipe, criando um senso de pertencimento e camaradagem. Uma cultura saudável favorece times a atingirem o seu maior potencial criativo e de inovação. E, relembrando, ela se constrói com base em três pilares: consciência, autenticidade e transparência, que se integram para gerar um ambiente onde os indivíduos florescem e as relações se fortalecem.

A consciência começa com a compreensão das próprias emoções, valores e impacto nas nossas interações diárias. Quando convidamos e incentivamos as pessoas a se tornarem conscientes de si mesmas, elas podem contribuir de maneira mais significativa, reconhecendo seus pontos fortes e áreas de desenvolvimento. A consciência individual é fundamental, pois quando os colaboradores têm uma compreensão profunda de suas próprias motivações, valores e emoções, são mais capazes de se autorregular, trabalhar em equipe de maneira eficaz e contribuir para o coletivo de maneira significativa. A conscientização promove também a empatia, permitindo que membros da equipe compreendam melhor as perspectivas uns dos outros e tomem decisões mais informadas.

A autenticidade é a chave para relacionamentos genuínos, verdadeiros e construtivos, sendo um alicerce vital para construir relações saudáveis no ambiente de trabalho. Quando nos sentimos à vontade para sermos autênticos, podemos expressar nossas opiniões e ideias, fomentando a criatividade e a inovação. Em uma cultura que valoriza a autenticidade, há vida, pois há expressão verdadeira e contribuímos para um ambiente de trabalho onde a criatividade e a inovação podem prosperar. Relações baseadas na autenticidade são mais profundas e resilientes, pois são construídas na confiança mútua e no respeito pelas individualidades de cada pessoa. A confiança entre indivíduos os faz manifestar-se tal como são, sem medo de julgamento ou censura.

A transparência é um pilar fundamental que sustenta uma cultura saudável. Quando existe comunicação aberta e transparente, as pessoas sentem que podem compartilhar informações, ideias e preocupações de maneira honesta e autêntica. São transparentes em relação ao seu propósito individual, buscando com suas atitudes e comportamentos ser coerentes com o propósito da organização. A transparência também constrói um senso de pertencimento, já que os colaboradores se sentem valorizados e informados sobre as decisões e direções da empresa.

Citamos aqui o filósofo e antropólogo Lazlo: "Nada do que jamais surgiu neste mundo – e que consiga persistir nele – está isento de evolução posterior. Não apenas a vida, até mesmo nossas organizações e sociedades fazem parte do processo evolutivo. Nada está fora da grande história da evolução", que nos convida a ampliar nossa compreensão da evolução além da biologia e a reconhecer que todos os aspectos do mundo estão imersos nesse processo dinâmico. Isso nos lembra da importância de sermos flexíveis, adaptáveis e conscientes das mudanças em andamento, não apenas como indivíduos, mas também como sociedades, organizações e sistemas maiores.

A colaboração criativa somente é possível em um ambiente em que exista segurança para uma diversidade cognitiva se manifestar em um contexto que está sempre em mudanças. Tanto a diversidade como as mudanças podem ser consideradas como matéria-prima para prosperidade das organizações. Vamos fazer um paralelo com a evolução da própria vida.

A vida opera em impermanência. Tudo que é vivo responde a um cenário que está em constante mudança, seja por clima, seja por aporte de nutrientes, seja por outras espécies e todas as inúmeras combinações destas variáveis. E a resposta adaptativa de menor prazo é fazer da impermanência a oportunidade de criar condições de sobrevivência, tanto individuais quanto coletivas. O que chamamos eventualmente de incômodos por mudanças é a base dos sistemas vivos. Afinal, as mudanças criam novos cenários, e novos cenários permitem novas manifestações. Para compreender e correlacionar as manifestações em diversos cenários, é preciso ampliar a visão da diversidade. A natureza preza e valoriza a diversidade, pois somente com ela e através dela, que é possível ter ocupações dos nichos de especialização.

Vamos fazer uma metáfora com uma floresta. Uma floresta densa com árvores de até 30 metros de altura. No topo dos 30 metros de altura ficam as copas das árvores mais altas. Em um substrato inferior, tem o chamado dossel, que é a altura média de várias copas de árvores. Abaixo do dossel encontram-se as árvores que estão em diversos estágios de crescimento. Mais próximo ao chão da floresta, os arbustos e, abaixo deles, as herbáceas, gramíneas e ervas. Este estrato vertical tem uma dinâmica de alturas de árvores, arbustos e cipós. Cada faixa de estrato, se fatiarmos esta cena em um corte horizontal, temos imagens distintas de plantas e respectivas densidades. A cada faixa desta há uma ocupação e predomínio de espécies da fauna. Cada faixa horizontal tem um conjunto de variáveis semelhantes, considerando umidade, temperatura, luz, vento e demais. O topo das árvores possui um microclima distinto do dossel e de todas as camadas abaixo até o chão da mata. E é neste contexto que a natureza dança na diversidade. Pois cada estrato confere necessidades específicas criando nichos de especialização. Se ocorrem mudanças, como queda de uma árvore, todo um novo processo começa a emergir. E a única força para manter a vida neste buraco criado pela queda de uma árvore é a diversidade. Quanto maior a diversidade, maior a resiliência. Porque neste caso a resiliência se dá por espécies que podem ocupar diversos lugares com demandas distintas em uma grande orquestra de colaboração.

Fonte: árvore, um ser tecnológico

Vale valorizar um aspecto bem importante deste universo de relações. A competição tão valorizada e de certa forma tratada como uma relação predominante na natureza é um mito na vida real da vida. Se a competição fosse a relação predominante, não existiria a diversidade de espécies que temos no Planeta Terra. A competição na natureza é compreendida como as duas partes têm gastos, estresses e perdas. É uma relação negativa. Tem um custo alto. Fazendo uma analogia ao ser humano como espécie, quando estamos em situação de estresse ativamos uma parte do cérebro, herdada pelos répteis, chamada de cérebro reptiliano de «luta ou fuga». Quando neste modo de luta ou fuga, nosso sistema endócrino libera adrenalina para ativar músculos, acelerar batimentos cardíacos e aguçar a visão. Com esta adrenalina ficamos prontos para disparar em fuga ou iniciar uma briga. Caso nada disso ocorra, acumulamos este hormônio que pode prejudicar a saúde. A competição é a relação que as duas partes perdem de alguma forma devido ao estresse metabólico e físico. Diferente da predação que uma parte tem resultado positivo. Voltando para as relações, o estresse da competição é tão grande que, pensando em uma janela evolutiva, iria prejudicar a existência de várias espécies, que por isso não tem como ser a relação predominante encontrada na natureza. Ao contrário, a colaboração é uma troca de potencialidades e necessidades que ambas as partes chegam a um resultado positivo.

Nessa ótica, adversidade é, portanto, resultado da impermanência e da colaboração, ou seja, o grande "colchão de segurança" da vida para os momentos de mudança e incertos.

Um grande componente nos seres coletivos na natureza que operam fortemente por colaboração é a inteligência coletiva. Vamos denominar a inteligência coletiva como um fenômeno devido à necessidade de combinação de complexos comportamentos que surpreendentemente surgem de muitas ações simples entre indivíduos diversos e independentes para que possa acontecer. A intenção de trazer esta ponte de conhecimento de outros seres vivos, que habitam o Planeta Terra há muito mais milhões de anos que nós, é para enaltecer como as sociedades prosperam coletivamente. Vale salientar que não é exatamente uma comparação de capacidade de QI de sistemas neurais, mas de comportamentos coletivos de sociedades antigas. Nós, seres humanos, estamos no Planeta Terra há 300 mil anos, somos novos por aqui.

Vamos também considerar seres sociais os que iniciaram sua evolução há aproximadamente 330 milhões de anos e que sobreviveram às transformações drásticas e processos de extinções em massa na Terra, que conseguiram evoluir e representam hoje vitais e fundamentais existências para ciclo de nutrientes e produção de alimentos (que nós consumimos inclusive). Estes seres são as abelhas, os cupins e as formigas que vivem em grandes comunidades interligadas em sociedades com altíssima capacidade de tomada de decisão, auto-organização e prosperidade. A altíssima capacidade de tomada de decisão se dá, por exemplo, sobre uma mudança de "casa" com 800 indivíduos. Em menos de 1 hora, sem eleição, mas por processos individuais do que é melhor para todos os 800 indivíduos, definem para onde e como irão realizar sua mudança.

Para compreender esta complexidade evolutiva destes seres sociais, vamos elencar suas principais características: individualidade, coevolução, redundância e auto-organização.

Individualidade

Todo ser possui criatividade, de alguma forma e expressão. A individualidade é a potencialidade de expressar sua criatividade, sua forma de ser e sua forma de se comunicar. É fundamental que em todos os coletivos a individualidade seja preservada e valorizada. Pois a capacidade de auto-organizar requer indivíduos que sabem quem são, tem domínio de seus conhecimentos para evitar de simplesmente copiar demais indivíduos semelhantes sem estar ciente de que esta atitude seja positiva ao coletivo. Em outras palavras, um ser somente pode contribuir ao coletivo se ele sabe quem ele é. Sabendo da sua individualidade, o ser poderá julgar a todo momento o que é melhor ao grupo. Em resumo, na inteligência coletiva não cabe "uma formiga vai com as outras". Vão, sem dúvidas, mas individualmente cientes de que sua ação é para o todo. De acordo com Tamsin Woolley Barker, *"qualquer indivíduo pode contribuir e fazer a diferença, e, desta forma, todas as diversas e interdependentes estratégias são necessárias para a efetiva Inteligência Coletiva" (Tamsin, 2017, p.12).*

A questão da individualidade é componente e também resultado da evolução coletiva, afinal processos de desenvolvimento não são lineares. Seres sociais que dependem entre si para sobreviver aprenderam, ao longo dos milhões de anos, como suas respostas e ações devem ser focadas no coletivo. Embora estas organizações possam ter hierarquias, não há comandos de acumulação, ou seja, não há "ganância". A individualidade sempre estará a serviço do coletivo. Sempre lembrando que todas as características que fazem parte da inteligência coletiva são extremamente interdependentes.

Evolução coletiva

Quando uma comunidade possui indivíduos que têm domínio de sua individualidade, este coletivo pode aprender entre si através de um grupo de respostas ao contexto. Considerando que cada ser age para o melhor do coletivo, há um processo de aprendizado que é compartilhado e retroalimentado.

O termo sociedade descreve o hábito comunitário de alta complexidade que diversas espécies animais, inclusive a humana, adquiriram no decorrer de sua evolução. Essas sociedades são reguladas por comportamentos que oscilam entre altruísmo e egoísmo, que propiciam o desenvolvimento de um grupo de indivíduos que, ao conviver por longo período, alcançam uma personalidade coletiva, formando a própria cultura.

Os seres sociais passaram por processos evolutivos convergentes adaptativos e não adaptativos comuns aos estágios iniciais e avançados de múltiplas transições independentes da vida solitária para a vida em grupo. Todas estas fases podem ser reconhecidas por dados genéticos que, embora os códigos tenham se mantidos semelhantes, alteraram a complexidade de suas interações que podemos chamar de fenótipos. Ou seja, as expressões dos comportamentos foram sendo mais sofisticadas, à medida que o carácter de vida coletiva ganhava mais força e manifestação.

A eussocialidade, que é o mais alto grau de organização social dos animais presentes nas sociedades mais complexas, pode surgir através de mecanismos diferentes a cada vez, mas provavelmente sempre envolve um aumento na complexidade das redes de genes. Ao longo da evolução do gênero das abelhas, a chamada socialidade apareceu, desapareceu e apareceu de novo várias vezes até o momento presente. Em resumo, nem sempre os indivíduos se interessaram pela vida coletiva, nem sempre suas manifestações foram altruístas, mas, com o passar de milhares de anos, passaram a ser uma sociedade focada em sua prosperidade.

Auto-organização

Capacidade de autogerir necessidades sem ter um comando centralizado. Processo pelo qual sistemas e grupos complexos, que consistem em muitas partes ou indivíduos, tendem a se inter-relacionar para responder demandas distintas, criando padrões de organização. Para responder a demandas distintas, fazem uso das capacidades emergentes, ou seja, o que deve ser feito no aqui e no agora diante de tal contexto, sendo esta resposta nova ou repetida, mas em absoluta sintonia com a necessidade do contexto presente. É uma grande capacidade de resposta e organização antenada com o presente.

Indivíduos em auto-organização desfazem estruturas de permissão tradicionais e, em vez disso, alavancam a responsabilidade pessoal e os fluxos de informações transparentes. Indivíduos em coletivos autogerenciados respondem a informações ao invés de ordens. Neste caso estamos falando de indivíduos com níveis de evolução semelhantes em uma organização. As metas são definidas e compartilhadas, mas as estratégias para alcançá-las são auto-organizadas por indivíduos e equipes que as realizam.

Toda vez que a organização e a sociedade são perturbadas ou o meio em que se encontram sofre mudanças, a auto-organização ocorre, conferindo capacidade adaptativa, resiliência e robustez. Esta adaptabilidade implica na necessidade de o sistema ser flexível. Por isso existe variabilidade interna dos indivíduos ou nas suas relações que favorecem a diversidade de comportamentos e múltiplas respostas.

A auto-organização é o ápice evolutivo de gestão de sociedade e de organizações, com o pré-requisito que a individualidade e a evolução coletiva precisam estar desenvolvidas e sintonizadas.

Redundância

Em uma grande colônia, os erros de qualquer indivíduo são diluídos e ajustados pelo coletivo, porque muitos indivíduos estão trabalhando com a mesma visão pautada no melhor para todos. Afinal, são indivíduos que evoluíram coletivamente, aprenderam e incorporaram em sua manifestação genética o altruísmo e, através da sua individualidade, podem expressar e criar melhor solução coletiva.

Alguns desses experimentos, combinados e paralelos, resolverão o problema. Se realizarmos um paralelo para organizações de seres humanos inovadoras, podemos brincar que é uma série de prototipagem com coerência. Considerando que é uma sociedade que evolui junta, esses múltiplos sistemas de backup podem somar e registrar ao longo de suas próprias trajetórias, levando a muitas inovações que podem ser usadas para uma finalidade completamente diferente. Afinal, experimentos foram realizados, eventualmente testados com a certeza de aprendizados adquiridos. Se uma inovação funciona, o *feedback* positivo a amplifica.

A redundância, neste caso, se refere a uma sociedade que opera com sua individualidade e auto-organização, habilitando complexos sistemas de *feedback* e garantindo inovações constantes para os desafios inesperados. Se uma sociedade não tem redundância, fica mais difícil experimentar, as falhas podem ser realmente catastróficas, pelo fato de que são indivíduos dispersos, sem comportamentos evolutivos que consideraram a diversidade e a demanda do coletivo.

A natureza nos oferece insights profundos sobre como cada ser vivo em seu papel único e autêntico dentro de um ecossistema contribui para o equilíbrio do sistema como um todo. Por meio de seus ciclos naturais e os padrões de comportamento, há uma consciência presente na natureza. Diferentes estruturas vivas respondem aos sinais do ambiente e ajustam seus comportamentos de acordo ao mesmo; os ecossistemas naturais são em sua essência transparentes em suas interações e interdependências.

Na natureza vemos reinar a diversidade, interdependência, adaptação, interconexão que são, de certa forma, oriundas da própria evolução. A natureza é caracterizada por sua capacidade de responder ao contexto, se adaptando, colaborando, criando simbiose e evoluindo ao longo do tempo.

Não precisamos reinventar a roda toda vez que nos deparamos com algo novo, podemos simplesmente olhar esta nova forma de ser e estar neste mundo BANI e perguntar para a natureza como ela já solucionou estes desafios que falamos acima.

Há uma disciplina chamada de Biomimética, que cria pontes e traduz a natureza como modelo, medida e mentora. A Biomimética mergulha no como da vida e, a partir deste entendimento de estratégia, inspira para inovação. Existem três elementos essenciais na Biomimética: ethos, reconexão e criação. O ethos é o profundo entendimento de que a vida cria condições de continuidade para a vida e nós, como seres vivos, quando criamos. Seja no universo tangível ou intangível, criamos para a continuidade da vida. A reconexão é lembrar primordialmente que somos seres vivos, que temos curiosidade, que queremos pertencer e atuar neste planeta vivo. Na reconexão aprofundamos a arte da observação. Observar para ser parte, observar para ter curiosidade de todas as formas e comportamentos de vida ao nosso redor. É um convite para sair do automático e estar presente para jogar junto. Neste jogo entendemos como somos parte deste universo de complexidade. Esta pequena mudança, de fazer parte consciente, já habilita um comportamento de buscar respostas muito mais antenadas ao contexto, uma vez que amplia as interpretações. Tudo que observamos são formas e relações. Na natureza as formas são resultado de contexto, uma dança, uma resposta e facilmente podemos extrapolar para o comportamento humano. O terceiro elemento da Biomimética é o criar, emular, aplicar o *Biomimicry Thinking*, traduzindo, o pensamento biomimético. A aplicação deste pensamento é por definição um processo colaborativo, quando trabalhado em equipe. A colaboração se dá por nossa visão de criar espaços seguros onde as individualidades e seus talentos podem emergir e buscar na natureza a inspiração. Basicamente, inovar inspirado na natureza é perguntar e descobrir como a natureza faz o que o ser humano quer resolver de desafio. Existe um ajuste de linguagem, existe a observação e existe muita criatividade. Uma jornada em que a diversidade cognitiva presente no grupo de pessoas é muito bem-vinda. Uma vez que a diversidade cognitiva é acolhida, podemos esperar que a inteligência coletiva humana emerja. A Biomimética é uma jornada muito especial para trabalhar a colaboração em equipe.

Os princípios da vida, que são lições de design da natureza aplicadas na Biomimética, traduzem a interdependência de estratégias e padrões que norteiam o conhecimento de que a vida cria condições propícias para a continuidade da vida.

Os princípios da vida na Biomimética podem se relacionar de maneira significativa com a cultura organizacional, contribuindo para a promoção da colaboração criativa.

"Se concordarmos que existe um mérito em imitar as estratégias da natureza, seria fácil de ver nossa economia, que também é um sistema complexo, mais operável e próspera sobrevivendo com emprego destes princípios" (Benyus, 1998, p. 254)

Estes princípios são brilhantes para criação de cenários análogos. O processo de colaboração criativa requer que saia do convencional problema-solução para desafios-necessidades-contexto-inspiração-solução. Tendo a vida que integra e otimiza essas estratégias para repensar e aprender com as profundas lições de design da natureza, podemos modelar estratégias inovadoras, medir os nossos designs em relação a estes padrões de referência sustentáveis e permitir-nos ser orientados pelo gênio da natureza, usando os Princípios da Vida como os nossos ideais aspiracionais.

Nem sempre temos um ambiente que habilite a criatividade de um grupo de pessoas, pelo fato de que nem sempre é estimulado que as pessoas trabalhem por interdependência onde a colaboração é primordial. Portanto, enfatizamos que, para criar uma cultura de colaboração, é importante criar novos ritos, novas formas de relacionar, seja por jogos, seja por inserção de novos conhecimentos como a própria Biomimética.

A colaboração é a essência da criatividade. Uma cultura que valoriza a colaboração incentiva as pessoas a trabalharem em conjunto, aproveitando a variedade de conhecimentos e habilidades. Além disso, o reconhecimento das contribuições individuais é uma parte vital da promoção de relações saudáveis, como já desenvolvemos de forma análoga, quando falamos sobre a individualidade para emergir a inteligência coletiva. Este reconhecimento demonstra apreço pelo esforço investido e reforça o senso de pertencimento. Quando os colaboradores se sentem valorizados, estão mais dispostos e seguros a compartilhar ideias, colaborar ativamente e trabalhar em conjunto para alcançar objetivos comuns.

A construção de culturas e relações saudáveis baseadas em colaboração criativa é uma jornada contínua. Segundo Coyle (2018, p. 6), "a cultura de um grupo é determinada pela segurança, vulnerabilidade compartilhada e propósito claro". Precisamos de tempo para desenvolver vínculos profundos e significativos.

Trazemos aqui alguns cases de sucesso de colaboração criativa.

Certamente você usa ou conhece alguém que use quase que diariamente o Gmail. Ele surgiu de um projeto chamado "20% time". O *Google* é um dos exemplos icônicos de colaboração criativa. A empresa oferece este tempo livre para seus funcionários explorarem projetos pessoais na troca livre de ideias, e, na busca de soluções inovadoras, nasce o Gmail.

Após uma transformação cultural liderada por Satya Nadella, a Microsoft adotou uma abordagem mais aberta e colaborativa. Isso levou ao desenvolvimento de produtos como o Microsoft Teams, que facilita a colaboração entre equipes em um ambiente digital. Outro caso notável de colaboração criativa é a IDEOempresa de design, que valoriza profundamente a colaboração e a co-criação. Eles envolvem clientes e *stakeholders* em seus processos de design para garantir que as soluções atendam às necessidades reais. A abordagem colaborativa da IDEO resultou em uma ampla gama de produtos inovadores. Fundada em 1991 por David Kelley, esta empresa tem sido líder na promoção de uma cultura de colaboração criativa em suas práticas de design, como, por exemplo, sua abordagem de *Design Thinking*, que coloca o ser humano no centro do processo de design. A partir do momento que o ser humano está no centro do design, se torna mais fácil entender as necessidades, os desejos e comportamentos das pessoas para as quais estão projetando, pois busca entender se há padrões, quais são as dores e quais são as divergências. Essa abordagem humanizada ajuda a criar soluções que são mais relevantes e dinâmicas.

Vamos contar como nós duas mergulhamos nesta experiência de levar a colaboração criativa para as empresas de uma forma leve e divertida.

Um dos exemplos de sucesso é um *workshop* de colaboração criativa fazendo construções com peças de LEGO para ilustrar a importância da individualidade e da interdependência dos diferentes papéis no ambiente de trabalho. Nosso objetivo é demonstrar como a colaboração entre diferentes papéis interdependentes pode demonstrar a grande interconexão entre papéis, e enfatizar a comunicação, a partir desta troca, é eficaz e crucial no processo. Saiba mais acessando o QR Code:

Outras possibilidades de dinâmica são aquelas realizadas por meio de desafios cotidianos em que separamos em partes algo que é complexo. Lembrando que complexo representa as várias interações necessárias para algo acontecer. Nestas dinâmicas criamos dificuldades que somente são resolvidas se as pessoas colaborarem entre si. Ao exagerar nas dificuldades, extrapolamos algumas realidades propositalmente para viver e experimentar que todo coletivo somente pode funcionar em troca. Buscamos nestas dinâmicas reforçar o que pode vir a ser prioridade, o que é importante e como o resultado se dá por entendimento das interprioridades.

Como aplicação de novos conhecimentos, também criamos desafios para serem solucionados com a Biomimética. Comentamos muito sobre esta prática, mas basicamente com a aplicação da Biomimética conseguimos traduzir os problemas em desafios, ampliar seu contexto e buscar a linguagem que pode ser respondida pela natureza. Neste processo, criamos um ambiente que favorece as individualidades para emergir a solução do coletivo. Como na Biomimética estamos lidando com a vida, há muita conexão com aspectos sutis como a própria intuição. Toda jornada de Biomimética é extremamente criativa e não há como um grupo solucionar algo sem estar em colaboração.

Terminamos este capítulo reforçando a ideia de que a colaboração criativa no ambiente de trabalho é um catalisador da inovação, da resolução de problemas complexos e do crescimento sustentável de organizações. Toda empresa que favorece a colaboração e a criatividade está formando a cada dia uma cultura que é responsiva ao contexto, ou seja, uma cultura viva que abraça as mudanças e também valoriza as individualidades dos colaboradores.

Referências

Coyle, D. (2018). *The Culture Code: The Secrets of Highly Successful Groups.* Coyle.

Senge, P. (1990). *A Quinta Disciplina: A arte e prática da organização que aprende.* São Paulo: Best Seller.

Alessandra Araujo – Designer de inovação, bióloga com experiência profissional em vários segmentos corporativos. Facilita times para atingirem seu maior potencial criativo de inovação a partir da Biomimética. Profissional de Biomimética desde 2012, pelo Biomimicry 3.8 e, em 2015, pela Arizona State University (ASU), com experiência internacional de aplicação desta tecnologia. Realizou curso de Urbanismo Sustentável na Schumacher College, Inglaterra, e Gestão Responsável para a Sustentabilidade pela Fundação Dom Cabral – Brasil; certificação MetaIntegral com a Chie Integrates. Experiência profissional em gestão de projetos nos setores de varejo (Wal Mart Brasil), telecomunicações (Brasil Telecom) e design (GCP Arquitetura & Urbanismo). Experiência no desenvolvimento de diagnósticos sociais e ambientais para áreas públicas, privadas no Brasil e no exterior. Participação como autora de boas práticas para o CBCS – Conselho Brasileiro para Construção Sustentável. Facilitadora para co-criação e inovação inspirada na natureza para organizações e instituições. Professora de Biomimética da AA (Architectural Association – Londres) Amazon Visiting School, Echos Laboratório de Inovação e para o Master Ecological Design Thinking da Schumacher College na Inglaterra. Mentora para equipes de projetos com bioinspiração para o Biomimicry Design Challenge. Fundadora do Bio-Inspirations. Integradora na Chie Integrates, com experiência e aplicação da Visão Meta Integral desde 2020, em diversos segmentos corporativos e atualmente aplicando a visão de ESG Integral.

Linkedin: https://www.linkedin.com/in/alessandraaraujo/

Ana Carolina Toledo – Atuação como consultora e coach durante os últimos 14 anos, na área de desenvolvimento humano e design e desenvolvimento de relações em times culturalmente diversos nas organizações. Experiência internacional, morando e trabalhando por 16 anos em países da América Latina. É advogada, graduada pela PUC. Certificada em consultoria e facilitação pelo MetaIntegral Institute, em coaching pela Escuela Argentina de Coaching y PNL e coaching executivo pela Liderarte com Laura Bicondoa, no México, Integrative Enneagram Practicioner pela IEQ9 (Africa do Sul), Cynefin Foundations pela Cognitive Edge (UK), entre outros. Atua com desenvolvimento humano, desenvolvimento de times e transformação organizacional, facilitando *workshops* e jornadas e contribuindo para o desenho de soluções, aplicando os conceitos de segurança psicológica, gestão integral, complexidade e transformação cultural.

Linkedin: https://www.linkedin.com/in/acarolinatoledo/

CAPÍTULO 5

Construindo uma Cultura Organizacional com Segurança Psicológica:

Fortalecendo o Ambiente de Trabalho para o Crescimento Coletivo

Patrícia Ansarah

"A cultura come a estratégia no café da manhã."
Peter Drucker

Quem nunca viu, ouviu ou leu essa frase? Essa é uma fala icônica de Peter Drucker, um dos autores que mais contribuíram para as teorias e práticas atuais relacionadas à Gestão de Empresas, considerado uma referência na área da Administração por revolucionar o modo de pensar a gestão. Embora seus ensinamentos só tenham ganhado popularidade no fim do século 20, suas obras influenciaram muitos executivos e tantos outros pensadores, quando a discussão que ele já trazia sobre o fenômeno dos efeitos da globalização na economia e, em particular, nas organizações veio à tona, no momento em que o mundo testemunhava um enorme crescimento do mercado e da livre concorrência. Um fenômeno sem precedência, que necessitaria, urgentemente, de um novo modelo de pensar e fazer gestão.

Pois bem. Este capítulo não é sobre o Peter Drucker, mas sobre a frase icônica dele que é reproduzida quase que automaticamente por todos nós pelo mundo afora.

"A cultura come a estratégia no café da manhã."

Por detrás dessa fala está um pensamento: o de que a essência da empresa prevalece sobre qualquer tipo de planejamento ou tática.

Será?

Ao longo deste capítulo eu convido você a olhar para essa fala sob uma outra perspectiva. Ao final dele, a escolha, claro, é sua: querer ampliar a sua perspectiva atual ou seguir e continuar se desenvolvendo por este caminho que você já conhece.

Imagino que até chegar a este capítulo você já tenha lido outros sobre cultura, por isso vou ser breve.

Cultura Organizacional ou Cultura Corporativa são os termos que definem o conjunto de normas, valores e crenças sustentados por políticas e processos internos, expectativas entre as partes e atitudes desejadas que ajudam a guiar os comportamentos e os hábitos de trabalho de todos os funcionários para o alcance de resultados.

Existem vários autores que falam sobre cultura. Muitas variações relacionadas aos métodos e abordagens usados para diagnosticar, modelar, medir, acompanhar e sustentar a aderência dos colaboradores. Mas tem um aspecto que não se abre para discussão: a cultura é a chave para direcionar resultados.

E é neste ponto que eu quero convidar você a refletir.

Vem comigo!

O maior desafio das organizações tem sido estabelecer uma cultura que seja ao mesmo tempo ágil e flexível para lidar com os tempos atuais, que engaje os colaboradores e que direcione para a alta performance. Para isso, as empresas têm investido rios de dinheiro apostando em vários modelos, abordagens inovadoras, preparando a sua liderança incansavelmente, revisitando valores, propósito, estruturas organizacionais, processos e competências. Criam incontáveis planos de ação, buscam no mercado os melhores instrumentos para mensurar os resultados, se associam à indústria dos selos e ainda assim os resultados mostram times que parecem que tudo que se fez "dá certo" e times que parecem que nada do que se fez funciona.

Isso acontece por uma razão muito simples. Os resultados não vêm da empresa e não vêm do indivíduo. O resultado vem dos times.

Falar que o resultado é da empresa ou atribuir os resultados aos executivos ou aos *high potentials* é uma forma de perpetuar um modelo de gestão que construímos ao longo dos anos e que negligencia a inteligência que está nos times.

O meu convite pra você neste capítulo é incluir a inteligência coletiva dos times para o alcance dos resultados como uma vantagem extraordinária – e muitas vezes oculta –, num modelo de gestão que ainda privilegia os indivíduos e a cultura organizacional.

Pois então, vamos falar de times.

Uma pergunta que sempre me intrigou ao longo destes mais de 25 anos trabalhando em RH, liderando projetos e times na área de cultura em empresas de diferentes tamanhos, nacionalidades, mercados e modelos de negócio: por que será que a nossa experiência muda a depender do grupo ao qual a gente faz parte?

Perdi a conta de quantas pesquisas de clima eu rodei, de quantos resultados eu analisei, de quantos planos de ação eu desenvolvi, de quantos modelos, ferramentas e abordagens diferentes eu contratei, me especializei e acreditei.

Ainda assim, nada me respondia por que alguns times eram bem-sucedidos, formados por pessoas engajadas e colaborativas, enquanto outros eram compostos por pessoas desmotivadas, tinham resultados abaixo do esperado e problemas constantes de relacionamento. Afinal, a empresa era a mesma, a cultura também. O investimento no desenvolvimento da liderança também e os programas de gestão de talentos, processos e sistemas eram os mais atuais do mercado!

Eu já vi diversos times ao longo da minha carreira dentro e fora das organizações. Já liderei tantos outros, apoiei inúmeros como parceira de negócio e há 6 anos, como consultora, já estive com tantos outros trabalhando em diferentes formatos: presencial, híbrido e virtual. Já trabalhei com times cujo integrantes estavam geograficamente espalhados em diferentes regiões, falavam diferentes idiomas e vinham de diferentes culturas. Uns mais diversos e outros menos. Uns compostos por pessoas de personalidades mais extrovertidas e outros com pessoas mais introvertidas e reflexivas. Times técnicos, com experiências diversas e com tantos outros elementos que diferenciam as pessoas entre si.

E sempre me despertou a curiosidade de entender por que em alguns deles parecia que as pessoas gostavam de trabalhar juntas e em outros não. Alguns o líder era parte do time e em outros, não. Uns que se tratavam como "nós" e outros como "eu e vocês". Times com bom clima e conexão entre as pessoas, apesar dos desafios e pressão por resultado, e times em que os membros se evitavam, preferiam trocar mais mensagens do que dialogar. Alguns em que as pessoas se desenvolviam, cresciam, aprendiam, e outros que operavam numa dinâmica silenciosa, corroborando para a crença coletiva que se cristalizou ao longo da nossa história dentro das organizações: "É melhor não falar nada, não dar opinião".

Por que é importante falar sobre tudo isso? Porque já não fazemos nada sozinhos há muito tempo! As maiores invenções da história, os serviços, os produtos, as ideias, tudo o que oferecemos para o mundo contemporâneo já não é resultado de uma pessoa há tempos – e nem de uma organização! Pesquisas indicam que passamos mais de ¾ de nossos dias trabalhando ou nos comunicando com outras pessoas, dependendo de outras pessoas para fazer o nosso trabalho ou impactando o trabalho de alguém. À medida que o mercado se torna cada vez mais global e complexo, o trabalho vai cada vez mais sendo baseado no resultado dos times.

Os resultados são frutos de como nos interagimos, nos conectamos, criamos e colaboramos em time. São resultado de como se estabelece a dinâmica enquanto estamos juntos. E esta dinâmica muda sempre que o time muda, ainda que você continue sendo você.

De quantos times você faz ou já fez parte? Times de projeto, time de crise, time de gestão, comitês específicos, time com seus pares, time com seus liderados... Ainda que você seja a mesma pessoa em todos estes times, a sua experiência é diferente em cada um deles, os resultados, a dinâmica, as relações, os hábitos, o nível de engajamento e de colaboração mudam.

Como é possível sermos as mesmas pessoas em todos os times e termos experiências tão distintas, simultaneamente? O que acontece dentro dos times que faz com que uns sejam mais colaborativos, gerem aprendizado, alto nível de engajamento e desempenho e outros não? Que fenômeno é este?

Este fenômeno se chama Segurança Psicológica.

O que é Segurança Psicológica? É "a crença compartilhada entre os membros de um time de que quando este time está junto, ali passa a ser um lugar seguro para se tomar riscos interpessoais". Esta é a definição dada pela Dra. Amy C. Edmondson, professora de negócios da Universidade de Harvard, pesquisadora e a maior pensadora do mundo dos negócios pelo 2º ano consecutivo pelo *50Thinkers*.

Em sua pesquisa acadêmica, realizada dentro de ambientes hospitalares, a Dra. Amy Edmondson diz ter esbarrado naquilo que seria o obvio para que times fossem times de alta performance. Um espaço onde todos acreditam que, quando estão juntos, ninguém será punido ou humilhado por trazer ideias, fazer perguntas, apontar preocupações, falar sobre algo desconfortável, cometer erros.

E esta é a grande beleza e complexidade deste fenômeno. Para que ele aconteça dentro do time, a responsabilidade precisa ser compartilhada. Quem quer que esteja no time, é parte dele! Sim, os líderes inclusive.

A segurança psicológica é um fenômeno relacional. Se instala a partir da dinâmica de funcionamento do time, entre os membros deste time enquanto trabalham juntos. Portanto, não é possível fazer com que este fenômeno aconteça sozinho, não se trata de uma vontade pessoal. É preciso que seja um projeto de todos. A responsabilidade precisa estar compartilhada e o desejo para que isso aconteça precisa ser comum entre todas as pessoas que compõem aquele time.

Se você chegou até aqui, pode estar se perguntando: se cada time é composto por diferentes pessoas, é possível que este fenômeno aconteça em um time ao qual eu faço parte e em outro não?

Sim. É possível que você vivencie a segurança psicológica dentro de um time e em outro não. Afinal, cada time é um time.

Em seu livro "A Organização sem Medo", a autora Dra. Amy Edmondson afirma: "Os dados são consistentes: a segurança psicológica parece "existir" ao nível do grupo. Na organização em que você trabalha, é provável que grupos diferentes tenham experiências interpessoais diferentes; em alguns, pode ser fácil falar abertamente e trazer todo o seu EU para o trabalho. Em outros, falar pode ser visto como último recurso" (Edmondson, 2018).

Pense em segurança psicológica como os nutrientes, vitaminas, minerais que um time precisa para funcionar de forma saudável hoje e a longo prazo. Times que estão atentos a esses elementos são times em que os membros se percebem e cuidam uns do outros porque entenderam que sem uma parte não são um todo. São times em que todas as pessoas que fazem parte estão ali um pelo outro, fazendo e desejando que o melhor aconteça como unidade.

Esses são times que vão estabelecer uma dinâmica na qual todos ali importam e, por isso, todas as contribuições são estimuladas, bem-vindas e percebidas como elemento de aprendizado, ainda que tragam ou gerem desconforto. Times assim são times com maior chance de lidar com os desafios, de encontrar soluções e caminhos alternativos, de resolver problemas juntos, de se antecipar às ameaças e mudanças do mercado, criar a partir de ideias incompletas e aprender uns com os outros.

Os benefícios disso? Pessoas engajadas em colaborar, em contribuir, em aprender. A principal característica de times assim é a alta positividade (clima interno) e o alto desempenho (resultados). E quando a alta positividade se encontra com o alto desempenho, formamos times em que as pessoas se desafiam continuamente, se apoiam umas nas outras, buscam o melhor resultado juntas, se reconhecem e celebram as conquistas. Estes são times de alta performance, times altamente inclusivos, inovadores e times que todos nós queremos fazer parte, não é mesmo?!

Times são o verdadeiro capital humano.

Neste momento eu amplio o meu convite para que considere os times como o verdadeiro capital humano. Estamos habituados a pensar no capital humano como recurso individual: da mesma forma como você contrata alguém para contribuir para o seu time, esperando que esta pessoa seja um novo talento, traga novas ideias, experiências e alto nível de energia de realização, alguém do seu time também pode ser contratado por outra pessoa. E então você perderá talento, ideias, experiência e energia. Não é assim que aprendemos?

Porém, se o seu pensamento for de que o capital humano está no indivíduo como talento, é possível que, ao perder esta pessoa, isso impacte nos processos, na agilidade de tomada de decisão, gere consequências no nível de aprendizado, diminua o nível de engajamento e impacte os resultados.

Se você pensar no seu time como capital humano, o seu time como o talento, a energia, a experiência e as ideias que você precisa, as pessoas que fazem parte deste time podem até sofrer um impacto inicial, mas estarão preparadas para se reorganizar e minimizá-los, sustentando o nível de positividade e desempenho. Lembra da Simone Biles nas Olimpíadas de Tokio? A principal atleta de ginástica artística do time norte-americano, favorita à medalha de ouro, toma uma decisão de alto impacto para o time, comunicando que não competiria mais em algumas categorias para preservar a sua saúde mental. A saída dela gerou um impacto no time? Sem dúvida! Mas o time estava tão preparado a ser uma unidade, a se desenvolver e praticar junto, que rapidamente se reorganizou e ainda trouxe a medalha de ouro para o país! A Simone Biles era o principal talento, mas o capital humano estava no time e não nela.

E é isso que o Projeto Aristóteles, do *Google*, descobriu quando resolveu observar os seus times internamente para encontrar padrões que existiam em times de alta performance.

Em 2012, a empresa embarcou em uma iniciativa – batizada de Projeto Aristóteles –, que tinha como objetivo estudar centenas de equipes e descobrir por que algumas "tropeçaram enquanto outras prosperaram". Foram reunidos pesquisadores, estatísticos, psicólogos organizacionais, sociólogos e engenheiros para observar como as equipes trabalhavam. Será que as melhores equipes eram compostas por pessoas com interesses semelhantes? Com as pessoas identificadas como talentos? Com pessoas que tinham determinados conhecimentos?

Foram cruzados mais de 180 dados para encontrar padrões – ou qualquer evidência – de que a composição de uma equipe fez alguma diferença ou se tornou um verdadeiro desafio. Esta descoberta é um convite para desconstruirmos o atual modelo de gestão que colocamos em prática: os resultados indicaram que não importava quem fazia parte do time nem que a mistura de tipos de personalidade, habilidades ou históricos específicos fizesse alguma diferença. Isso intrigou os pesquisadores e executivos do *Google*. Ao que tudo indicava, não era o fator "quem" que importava. Com os dados que tinham em mãos, resolveram ir em busca de normas que influenciavam o comportamento do time, ou "regras não ditas", que os membros das equipes descreviam como "a cultura do time".

Foram descobertas 5 normas mais importantes e identificaram a presença delas em todas as equipes de alta performance:

Impacto no trabalho: Os membros da equipe percebem que seu trabalho importa e gera mudanças.

Significado do trabalho: O trabalho é pessoalmente significativo para os membros da equipe.

Estrutura e clareza: Os membros da equipe possuem papéis, planos e metas claros.

Confiabilidade: Os membros da equipe entregam suas tarefas no prazo e atendem um padrão de excelência esperado.

Segurança psicológica: Os membros da equipe sentem-se seguros em arriscar e serem vulneráveis na frente de seus colegas.

Com eses resultados, o Projeto Aristóteles confirma, então, que a performance de um time depende deste fenômeno chamado de "a cultura do time" e valida, agora no mundo dos negócios, a pesquisa acadêmica da Dra. Amy Edmondson, de que a segurança psicológica se trata de um fenômeno relacional e é ele o principal veículo para a alta performance.

Isso significa muita coisa, além do fato de que, para a nossa surpresa, não precisamos ter as melhores pessoas, mas sim os melhores times.

Se a segurança psicológica é o principal fator para a alta performance, estamos falando que finalmente o capital emocional passa a fazer parte da estratégia e decisões de negócio.

No mundo contemporâneo, empresas que querem se manter relevantes e competitivas no mercado precisam tomar decisões cada vez mais ágeis e mais inteligentes. Para isso acontecer, as empresas precisam abandonar a lógica de um modelo de gestão tradicional e hierárquico e inovar, ou então não sobreviverão.

Na era do conhecimento que vivemos, a inteligência é coletiva, e ela só ganha vida em times psicologicamente seguros, nos quais todos os membros, incluindo o líder, encontram juntos uma dinâmica saudável e colaborativa, onde todos possam aprender a lidar com os desafios inevitáveis do dia a dia e alcançar novos patamares de resultados e aprendizado coletivo.

Esta dinâmica é única e exclusiva de cada time. Afinal, cada time é um time.

Então, se a criação de uma cultura organizacional com segurança psicológica depende de times de alta performance — e o desenvolvimento de um time de alta performance depende da qualidade das relações das pessoas daquele grupo em questão —, será mesmo que *"A cultura come a estratégia no café da manhã"*, como disse Peter Drucker, ou será que *"são os times que comem a cultura no café da manhã"?* (Cauwelier, 2020).

Referências

Edmondson, A. C. (2018). *The Fearless Organization*. 1. ed. *Local:* Wiley.

Cauwelier, P. (2020). *The Untapped Team Advantage: Building Team Connections as a Leadership Choice*. 1. ed.

Patrícia Ansarah – Mulher desperta, mãe e equilibrista. Psicóloga formada pela PUC-SP, com especialização em Saúde Mental e Psicologia Organizacional pelo Sedes Sapientae.

Possui mais de 25 anos de experiência em RH, liderando projetos e times dentro e fora do Brasil em empresas nacionais e multinacionais de diferentes segmentos e modelo de negócio. É mentora e coach executiva e co-fundadora do Instituto Internacional em Segurança Psicológica (IISP).

CAPÍTULO 6

Conexão de Gerações:

Unindo Experiência e Inovação para uma Cultura Sã

Denise Reis

"Viver, como talvez morrer, é recriar-se:
a vida não está aí apenas para ser suportada nem vivida,
mas elaborada.
Eventualmente reprogramada.
Conscientemente executada. Muitas vezes, ousada."
Lya Luft

Já faz algum tempo que começamos a experimentar, vivenciar e testemunhar um ambiente de trabalho no qual existem cinco gerações atuando juntas. É bastante curioso, mas presenciamos os Veteranos, *Baby Boomers*, Geração X e Y interagindo e convivendo, produzindo e trabalhando para entregar os melhores resultados. Por que isso ocorre? Ao mesmo tempo que presenciamos a chegada das novas gerações no mercado, o envelhecimento da força de trabalho torna-se mais lento. Hoje estamos vivendo mais tempo, e consequentemente nossa produtividade também está se estendendo. Imagine um ambiente em que você poderia estar trabalhando com seus filhos e, dependendo da sua idade, até com os seus netos. Este fenômeno nos leva a um desafio de convivência e interação bastante interessante, diverso e desafiador.

Muitas das discussões que ouvimos e também participamos com relação aos novos desafios do ambiente organizacional voltam-se principalmente para as características comportamentais de cada uma destas gerações. Suas qualidades, suas fortalezas e também suas vulnerabilidades.

Mas quando nos voltamos para o futuro, nós nos preocupamos demasiadamente em como atrair, contratar e manter engajadas em nossas organizações estas novas gerações. Porém, é fundamental olharmos além, precisamos considerar os aspectos do envelhecimento da força de trabalho e seus desafios.

Quais estratégias podemos considerar para manter essas gerações tão diversas trabalhando juntas, felizes, comprometidas e produtivas?

Você já parou para refletir sobre o envelhecimento? Quais são os desafios que esperam a todos nós nesta fase da vida? Porque se você ainda não chegou nesta fase, certamente chegará. Então, como fazer para continuar sentindo-se produtivo, feliz e relevante num mundo tão dinâmico que muda numa velocidade cada vez maior? Estaremos preparados para este momento ou vamos nos deixar surpreender?

Muitos filósofos se dedicaram e escreveram sobre o envelhecimento, com isso nos ajudam a entender e consequentemente lidar melhor com o passar do tempo.

Cícero (estadista, orador e filósofo romano, 103 – 43 a.C.) apresenta diversas reflexões muito valiosas sobre a velhice. Ele exalta muitas qualidades e sobre a importância de compartilhar a sua sabedoria, mas principalmente de apreciar e valorizar a beleza de cada idade.

"Acaso os adolescentes deveriam lamentar a infância e depois, tento amadurecido, chorar a adolescência? A vida segue um curso muito preciso e a natureza dota cada idade de qualidades próprias. Por isso a fraqueza das crianças, o ímpeto dos jovens, a seriedade dos adultos, a maturidade da velhice são coisas naturais que devemos apreciar, cada uma em seu tempo."

Ao ler essas recomendações, sentimos que existe uma lógica e atualidade impressionantes. Saber apreciar a beleza e o valor de cada idade pode nos aproximar e fortalecer conexões pessoais.

Então, podemos dizer que a integração entre as gerações é uma boa e saudável estratégia não apenas de convivência, mas de colaboração e desenvolvimento das empresas?

Se nos desafiarmos a pensar, e a nos perguntar, o que é que realmente pode garantir o crescimento e o sucesso das organizações no mundo atual? Entendo que a integração de diferentes pensamentos é fundamental para criar uma cultura saudável e efetivamente produtiva. Quando agregamos diferentes gerações, podemos atuar dentro de um espectro mais amplo de valores, visão, e assim podemos promover essa diversidade de pensamentos.

Quando analisamos o mercado de trabalho e observamos, trabalhando lado a lado estas diferentes gerações (veteranos, *baby boomers*, X, Y e Z), podemos perceber que cada uma delas atua e se relaciona de acordo com seus perfis, que são singulares. Cada uma destas gerações cresceu, desenvolveu-se e vivenciou diferentes desafios, experiências e consequentemente carregam repertórios bastante diferentes.

Para um melhor entendimento do que representa cada geração, é importante organizar as definições de cada geração, muito embora nas pesquisas existam algumas divergências apresentadas nas faixas de nascimento.

- Veteranos: nascidos antes de 1946
- *Baby Boomers*: nascidos de 1946 a 1960
- Geração X: nascidos de 1961 a 1980
- Geração Y (*Millennials*): nascidos de 1981 a 1996
- Geração Z: nascidos no final dos anos 1990 a 2010
- Geração Alpha: nascidos a partir de 2010

Integrar todos estes perfis pode parecer inicialmente fácil, porém não é tão simples.

Vivemos em ambientes sujeitos a vieses, de todos os tipos, e dentre eles o viés geracional tem se apresentado de forma bastante contundente e ao mesmo tempo dissimulado.

É preciso reconhecer que já temos alguns avanços, observados e presentes em algumas organizações, porém ainda estamos longe de uma cultura geracional inclusiva.

Ainda é muito comum ouvir a associação de habilidades de agilidade à juventude e característica de lentidão aos profissionais mais seniores. Habilidades tecnológicas dominadas pelo público mais jovem e um obstáculo para aqueles que já têm mais de 40 ou 50 anos. Também é dito sobre os profissionais mais velhos que são avessos a mudanças e a inovações. São extremos que escutamos com muita frequência e quase consideramos normal. Vivemos com muitos estereótipos que se atribuem aos grupos, quer seja nova geração, quer sejam gerações mais seniores pré-conceitos e rótulos sem fundamentação teórica.

Na prática, mesmo que tenhamos profissionais 50+ trabalhando na organização, é fato que muitos deles podem acabar sendo "excluídos" ou "não lembrados" diante de novos projetos. O etarismo existe e é preciso enxergar esta realidade, eliminar os mitos que associam a idade à incapacidade, doença, dependência, falta de habilidade para aprender e se relacionar.

Lendo um material sobre *startups* e a idade de seus fundadores, vejo que se estas afirmações sobre os profissionais mais velhos fossem verdade, não seria possível explicar que a idade média de empreendedores de *startups* gira em torno de 40 anos. E quando se pesquisa e considera aquelas *startups* que tiveram sucesso, deram certo, a média aumenta para 45 anos.

Vivemos um grande momento de transformação em que é preciso questionar os mitos e vieses que trazemos em nossos comportamentos e que juntos criemos os possíveis futuros.

Até pouco tempo a aposentadoria era um destino buscado por muitos profissionais, um momento de parar, retirar-se do mercado, quer seja para descansar, quer seja para "dar lugar" às novas gerações. Após os 50, 60 anos muitos já viviam este momento, inicialmente desfrutando do tempo, porém outras vezes um pouco perdidos com um sentimento de incapacidade e sem saber exatamente o que fazer. Reinventar-se profissionalmente ainda não era uma possibilidade, tampouco uma realidade.

Quando buscamos a origem da palavra aposentadoria, encontramos a seguinte definição: **pousar**, do Latim PAUSARE, "parar para descansar". E o que estamos dizendo a nós mesmos com esta palavra? Que é a hora de parar para descansar. Em outros idiomas é quando nós nos "retiramos", ou seja, quando a gente se retira, equivale a dizer que deixamos de atuar. Minha provocação é se nos dias de hoje esse termo ainda faz sentido, pois a equivalência que vem à mente é a de parar, e parar significa morrer. Isto não significa que não exista um momento em que queremos parar. É sempre importante refletir e estarmos abertos para uma transformação. Podemos, sim, mudar ou ajustar a nossa velocidade, dar foco a outros interesses, talvez aqueles que nós nunca tínhamos ousado trazer à tona. Ou continuar atuantes, dentro de nossa área de conhecimento, trocando com as novas gerações num movimento de compartilhar o que conhecemos, com abertura para aprender o que há de novo.

Vivemos hoje uma grande transição e transformação social, a expectativa de vida aumentou e muitos de nós profissionais buscam uma continuidade de atividades – algumas vezes por motivos financeiros, para sobrevivência, mas não apenas por este motivo.

Existe hoje uma geração de pessoas com mais de 50, 60, 70 e até 80 que tem energia e que quer continuar contribuindo no mundo para sentir-se vivo e fazendo parte. São pessoas atuantes e que buscam contribuir, afinal todos nós buscamos ter relevância no mundo em que vivemos.

Este novo cenário nos leva a viver e atuar neste ambiente no qual as múltiplas gerações convivem. Nosso crescimento populacional é o menor desde 1872, e aproximadamente 5,2 milhões de jovens entre 14 e 24 anos estão sem emprego. Cada vez mais vemos menos jovens entrando no mercado de trabalho e profissionais já inseridos permanecem trabalhando. Além disso, com base numa pesquisa do Instituto de Pesquisa Econômica Aplicada (Ipea), estima-se que em 2050 mais de 30% dos brasileiros terão mais de 60 anos, uma idade plenamente produtiva.

Então, a diversidade etária no local de trabalho que já vivenciamos hoje tende a intensificar-se cada vez mais. Diante desta realidade e pensando em promover um ambiente saudável e produtivo, podemos escolher e promover a colaboração, o desenvolvimento e o engajamento de toda esta diversidade geracional.

Neste ponto é fundamental nos questionarmos; em um ambiente de trabalho onde diferentes gerações coexistem, o que é essencial para criar e manter uma cultura forte, saudável e produtiva?

Como em todos os ambientes organizacionais, quando estabelecemos trocas abertas e respeitosas de ideias, como consequência podemos potencializar a união entre experiência, inovação, tomada de riscos, abertura a mudanças e gestão do legado. Precisamos buscar não associar a idade às atitudes e comportamentos observados nas pessoas, mas sim entender que cada um de nós é único. Atuamos de acordo com nossa forma única de ser que não é apenas devida a nossa idade cronológica, mas sim à individualidade que construímos ao longo de nossas vidas. Muitas vezes vamos encontrar jovens que têm vasta experiência em determinadas áreas, assim como podemos também encontrar profissionais de maior idade abertos aos riscos, extremamente criativos e inovadores.

Cada um de nós, independentemente da idade, busca o seu espaço no mundo e quer fazer a diferença. Neste caminho torna-se fundamental buscarmos fortalecer as estratégias de comunicação, fazendo com que ela aconteça de forma clara, honesta, eficaz e ao mesmo tempo trabalhar no relacionamento intergeracional, destacando a importância de ouvir, negociar e promover o aprendizado uns com os outros.

Ouvir é muito amplo, vai além de escutar, é preciso ter presença, aprender a valorizar, acolher. Saber ouvir deve somar-se ao saber falar, saber colocar os seus pedidos, as suas necessidades. Buscar não o confronto, mas o entendimento e a conciliação para poder agregar ideias para trazer mais amplitude e profundidade aos resultados.

E nesta simples ação de saber ouvir e saber falar eu incluo todas as gerações, pois da mesma forma que aqueles que são mais velhos podem sofrer com os vieses de lentidão, aversão a mudanças, inabilidade com tecnologia, os mais jovens também sofrem com os vieses de impaciência, falta de comprometimento, irresponsabilidade.

Então estamos falando sobre habilidades relacionais. Flexibilidade e adaptabilidade tornam-se fundamentais, principalmente considerando a velocidade das mudanças que estamos vivenciando. Além disso, uma postura de aprendizagem ativa é um imperativo.

Portanto, quando discutimos sobre o conceito de conflito de gerações, podemos voltar nosso olhar para os benefícios de unir a experiência e a inovação com o objetivo de criar uma cultura mais saudável nas organizações.

Às gerações mais jovens é preciso paciência. Lembro-me de uma sessão de mentoria com um profissional, jovem talento, que buscava desenvolver suas *soft skills* para assumir uma liderança. Sua expectativa era conseguir uma lista com os pontos que deveria trabalhar, em algumas semanas, como se houvesse uma "receita", sem considerar que esta "musculatura" só pode ser desenvolvida com tempo, acertos, erros e ajustes de percursos.

Aos mais seniores é importante cultivar também a paciência, considerando e valorizando sua experiência e trajetória, porém sem se deixar cair na vaidade do conhecimento adquirido, como se não tivesse nada mais que tivesse valor a ser aprendido.

Cada vez mais tenho testemunhado profissionais na faixa de 70 anos superprodutivos, com muita energia e nenhuma disposição para parar de trabalhar. Hoje o mundo do trabalho assumiu uma nova característica, ele nos dá ânimo, conecta com nosso propósito pessoal, nossa vontade de fazer a diferença no mundo. A idade não deve ser vista como uma barreira, mas sim como uma oportunidade de seguir escolhendo nosso caminho ou definindo novos caminhos que permitam nos manifestarmos neste mundo.

Neste contexto as organizações desempenham um papel crítico e podem fazer a diferença criando um espaço, além de tímidas iniciativas e atuar de forma concreta construindo e fortalecendo este ambiente multigeracional.

Como benefícios, todos ganham quando se tem disposição para aprender e contribuir com colaboração e a experiência em equipe, quando se promove e se fomenta o aprendizado coletivo, quando se estimula a inovação acolhendo a diversidade dos repertórios individuais. Como resultado podemos ter mais produtividade e engajamento entre os profissionais.

Nesta conjuntura é importante entendermos que os desafios enfrentados na gestão do conflito de gerações, se bem trabalhados, podem nos levar a estratégias que promovam uma harmonia entre as diferentes gerações presentes no ambiente de trabalho.

Mentoria reversa

É importante começar explicando o que é mentoria: É um processo que promove uma conexão entre profissionais: de um lado, o mentor, expert em determinados temas e habilidades, transmite ensinando ao mentorado, que precisa desenvolver esses pontos.

A mentoria reversa é um processo de mentoria na qual um profissional menos experiente assume o papel de mentor de profissionais de nível sênior. Os temas trabalhados têm foco, na maioria das vezes, em diversidade, mídias sociais, tecnologias e tendências contemporâneas. O objetivo é tornar o ambiente organizacional mais colaborativo e participativo.

A mentoria reversa segue os padrões de outras mentorias, existe um mentor, um mentorado, uma área, normalmente o RH, que organiza a formação das duplas e fornece os materiais de apoio. Na mentoria reversa os mentores são os mais experientes nesta nova geração que trocam conhecimento com os profissionais que não têm tanto conhecimento do pensamento, da rotina, dos sonhos e como motivar esta nova geração.

Como resultado conseguiram promover uma maior aproximação, troca de conhecimento e, é claro, valorização destas gerações, diminuindo os vieses e fortalecendo a comunicação na organização.

A origem da mentoria reversa

É importante mencionar que a mentoria reversa não é uma prática nova. O ex-CEO da General Electric®, Jack Welch, falecido em março de 2020, é apresentado como o responsável por introduzir o conceito de mentoria reversa em1999. A mentoria reversa foi se popularizando e expandindo o compartilhamento de conhecimento entre gerações. Hoje, esse tipo de programa vai muito além do ensinamento e aprendizado sobre como usar as diversas tecnologias.

Benefícios da mentoria reversa

A mentoria reversa busca prover solução de alguns problemas de cultura organizacional, gera o aumento da diversidade e impacta inclusive a maneira como os executivos pensam e atuam na liderança e nas suas estratégias no dia a dia.

Esse processo é uma excelente técnica para quebrar barreiras geracionais, proporcionando às pessoas que trabalham há muito tempo no setor uma nova perspectiva sobre como as coisas são feitas e sobre a indústria como um todo. Novas contratações também podem trazer novas ideias para a mesa.

Vale lembrar que, segundo um estudo da McKinsey, as organizações que fortalecem times diversos têm uma maior probabilidade de alcançar maiores resultados financeiros.

Com objetivo de inspirar as organizações, compartilho alguns casos de sucesso na integração das gerações. Esses exemplos podem demonstrar como a união da experiência e da inovação resultou em grandes conquistas e avanço nas organizações.

Caso: Empresa do Segmento da Saúde – Mentoria Reversa

Esta empresa, aqui no Brasil, já está no seu segundo programa de mentoria reversa. Eles já rodaram alguns grupos com muito sucesso. Eles iniciaram durante a pandemia com um programa piloto. O primeiro programa envolveu o time de liderança do Brasil, o segundo foi realizado com o RH da América Latina e no ano passado lançaram um programa envolvendo a empresa toda aqui no Brasil. O programa foi aberto, oferecendo vagas para colocar lado a lado profissionais mais experientes, *baby boomers*, geração X e os *millenials*, sendo estes últimos atuando como mentores.

Caso: Dow – Mentoria intergeracional

A discrepância entre gerações pode ser um dos desafios ao reunir indivíduos de diferentes faixas etárias em organizações. Para facilitar essas conexões, a Dow criou o PrISE, um programa de mentoria entre diferentes gerações envolvendo duas redes de afinidade: o Pr!me (voltado aos funcionários 50+) e o RISE (rede para funcionários com até 8 anos de tempo de empresa).

O Pr!me promove mensalmente as sessões Pr!me Talks com o objetivo de levar informações relevantes e de qualidade. Nesses encontros, são convidados de fora da organização para conduzir conversas corajosas sobre temas relevantes para os funcionários 50+, como: *outplacement*, planejamento financeiro, plano médico na aposentadoria, transformação digital, etarismo, dentre outros. A Dow promove também sessões periódicas de reconhecimento dos funcionários 50+ por meio do *"It's your moment"*, encontros que celebram as experiências desses profissionais, assim como seu tempo de serviço e contribuições para a organização.

Indo além da mentoria reversa

Existem práticas que podemos implementar, porém precisamos mudar também nossas atitudes. Uma prontidão e abertura para o aprendizado.

Vale lembrar do conceito do *"lifelong learning"*, muito falado nos dias de hoje. Assim como a mentoria reversa não é um conceito novo nem disruptivo.

"Lifelong learning" significa aprendizado ao longo da vida, ou seja, um aprendizado contínuo. Teve seu início nos anos 70 do século 20, mas ganhou força e reconhecimento global com o Relatório da Educação no século 21 criado pela UNESCO (Organização das Nações Unidas para a Educação, a Ciência e a Cultura), lançado junto à Conferência Ministerial da OCDE (Organização para a Cooperação e Desenvolvimento Econômico).

O que podemos conquistar tendo como prática o *"lifelong learning"*:

- Incentivamos novas habilidades;
- Estimulamos a criatividade;
- Aumentamos as perspectivas de crescimento;
- Melhoramos a capacidade para tomada de decisões;
- Criamos e fortalecemos uma rápida adaptação ao mercado de trabalho.

Então, o grande desafio que os gestores têm hoje e no futuro é atuar, liderar, desenvolver e prosperar em equipes multigeracionais. Os gestores de cada geração devem se esforçar para entender as necessidades e expectativas de suas pessoas, independentemente de suas idades cronológicas e criar um ambiente de trabalho inclusivo, colaborativo e flexível que permita que todas as gerações trabalhem juntas de forma eficaz. Ao fazer isso, os gestores podem criar uma equipe mais forte, equilibrada, genuína, que possa enfrentar os desafios do futuro com muito sucesso.

Nós, como seres humanos que somos, temos à frente o grande desafio da convivência. Interagir com outras pessoas torna-se fundamental não apenas para fortalecer e aprimorar nossos conhecimentos, mas também para que possamos sentir que pertencemos a uma determinada comunidade e que nossas ações podem impactar positivamente outras pessoas. Toda e qualquer troca que façamos tem a capacidade de ampliar nossos conhecimentos e consequentemente nossa forma de nos colocarmos no mundo em que vivemos.

Cada um de nós, independentemente da geração à qual pertencemos, precisamos desenvolver nossa autorresponsabilidade sobre o nosso aprendizado. Isto significa criar uma mentalidade de "*lifelong learner*".

Para todas as gerações será fundamental ter o compromisso com o crescimento pessoal, saber que ele não tem fim, que é necessário ter uma prontidão e abertura para estar sempre se aprimorando. O respeito, a aceitação da individualidade de cada um podem nos fazer melhores; é preciso ouvir, acolher e, sem sombra de dúvida, sempre colaborar.

*"A única habilidade que será importante no século XXI é a habilidade de aprender novas habilidades. Todo o restante se tornará obsoleto com o tempo" (*Peter Drucker).

Referências

Cícero, M. T. *Saber envelhecer*. Porto Alegre: L&PM Pocket, [s.d.].

2. Comissão Internacional sobre Educação para o Século XXI. Unesco. Disponível em: https://unesdoc.unesco.org/search/N-EXPLORE-911cfa78-95a2-4f80-9249-cd1a-310be954

IPEA. Disponível em: https://portalantigo.ipea.gov.br/agencia/index.php?option=com_alphacontent &ordering=10&limitstart=6580&limit=20

Luft, L. (2004). *Pensar é transgredir*. Rio de Janeiro: Record. p. 21-23.

Reed, M. *Always a Life-long Learner | TEDxLakelandUniversity*. Disponível em: https://youtu.be/ DDPiqw9TBVw?si=-cyll2XMe-i-R3E_q

Relatório McKinsey – Diversity Matters. Disponível em: https://www.mckinsey.com/br/our-insights/ diversity-matters-america-latina

Reverse mentoring – Jack Welch. Disponível em: https://youtu.be/Pux40FNW9lk?si=CHYwJcNXu 5PrhLrt

Troposlab. *A vida (de uma startup) começa aos 40*. Disponível em: https://troposlab.com/a-vida-de-uma-startup-=comeca-aos-0/#:~:text=A%20idade%20média%20do%20empreendedor,por%20vol ta%20dos%2045%20anos

Caso Dow – Mentoria intergeracional. Disponível em: https://revistalide.com.br/noticias/esg-e-dei/diversidade-geracional-dow-promove-a-inclusao-de-profissionais-50

Caso Empresa do Segmento da Saúde. Não foi autorizado divulgar o nome da organização. Compartilhado pela Head de RH Brasil – Claudia Morgental.

Denise Reis – Executiva de Recursos Humanos com mais de 30 anos de experiência em organizações renomadas, como Accenture, IBM, Philips, White Martins e Sodexo. Especialista em Liderança, Gestão de Talentos, Desenvolvimento Organizacional, Transformação e Cultura. Graduada em Marketing pela ESPM e com especialização em Gestão de Pessoas pela FGV, complementei minha formação com cursos em Creative Leadership & Building Teams na Buffalo University (NY) e International Seminar on Career Studies na Suffolk University (Boston). Como facilitadora de jogos corporativos e coach certificada pelo EcoSocial ACTP, fundei a Dreis Consultoria, na qual desenvolvo projetos globais de mentoring, coaching e transformação cultural. Minha atuação inclui o desenvolvimento de líderes, programas para jovens talentos, seleção por competências e fortalecimento e excelência de equipes. Cocriadora do impulso **Arte de Envelhecer**, um grupo que nasceu com o objetivo de conscientizar sobre o tema da longevidade em todos os seus mais diversos aspectos: físicos, emocionais, espirituais, com objetivo de preparar e conscientizar os indivíduos e as empresas sobre questões como: preconceito, inclusão digital, capacitação, longevidade, planejamento emocional e financeiro.

CAPÍTULO 7

Além do Salário:

Criando um Sistema de Reconhecimento que Engaja e Fortalece a Cultura Organizacional

Katia Moreno

"O reconhecimento é um investimento que gera retornos significativos. Quando você reconhece alguém, você está investindo no seu futuro." Ken Blanchard

Um sistema de reconhecimento eficaz é uma ferramenta valiosa para construir e fortalecer a cultura organizacional, pois reforça os valores, as normas e as expectativas da empresa, bem como estimula o senso de pertencimento, a confiança e o orgulho dos colaboradores.

O reconhecimento é um dos fatores mais importantes para a satisfação e o engajamento dos colaboradores nas organizações. Segundo uma pesquisa do Gallup, os colaboradores que recebem reconhecimento regularmente têm 50% mais chances de permanecer na empresa, 33% mais chances de ter um alto desempenho e 67% mais chances de se sentirem motivados.

Outro estudo, conduzido pela O. C. Tanner, Empresa Certificada Great Place To Work®, sobre a dinâmica do ambiente de trabalho e o papel que a administração desempenha em moldá-la, identificou um padrão em que 37% dos entrevistados disseram que mais reconhecimento pessoal os encorajaria a produzir com mais frequência e com melhor qualidade.

Impulsionadores mais importantes de um ótimo trabalho

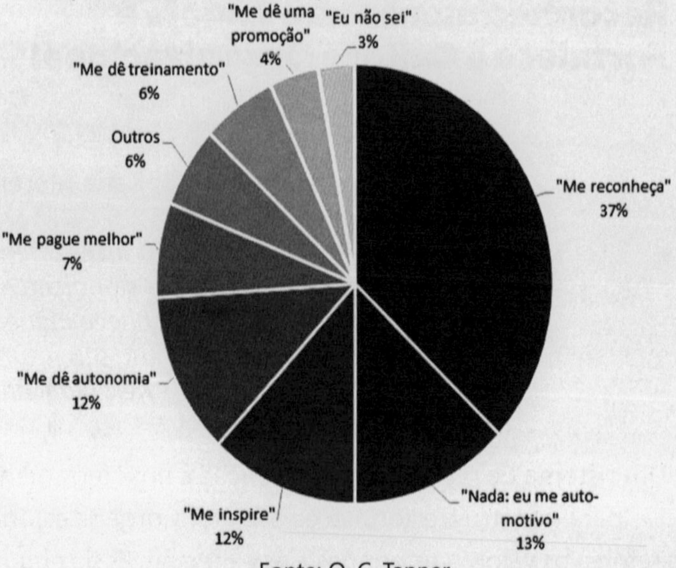

Fonte: O. C. Tanner

A pesquisa do Trust Index™ do Great Place To Work®, que mede o quanto os colaboradores se sentem reconhecidos no trabalho, observou o impacto da cultura de reconhecimento na experiência deles. Ao comparar a experiência dos colaboradores que receberam reconhecimento com aqueles que não receberam, observou que o reconhecimento faz com que os colaboradores sintam que as promoções são justas e estimulam a inovação e o esforço extra.

Por outro lado, os colaboradores que não se sentem reconhecidos apresentaram sentimento de tratamento injusto e dificuldade em descrever o que faz com que seu ambiente de trabalho seja bom.

No entanto, muitas organizações ainda não possuem sistemas de reconhecimento eficazes que sejam capazes de atender às necessidades e às preferências dos seus colaboradores. Muitas vezes, o reconhecimento se resume a recompensas financeiras, como bônus, comissões ou aumentos salariais, que podem ter um efeito positivo no curto prazo, mas não são suficientes para gerar um comprometimento duradouro e uma forte identificação com a empresa. Além disso, as recompensas financeiras, se não forem bem estruturadas, podem gerar efeitos colaterais negativos, como a competição excessiva, a desigualdade, a perda de autonomia e a redução da criatividade.

O reconhecimento monetizado é, sem dúvida, uma forma de valorizar os colaboradores e o trabalho que eles desempenham diariamente. No entanto, atualmente, há uma transição desse formato para o reconhecimento por meio de experiências.

Com as diferentes gerações trabalhando juntas e, considerando que os *millennials* já são maioria nas empresas, inclusive em posições de liderança, torna-se necessário um processo de adequação dos programas de reconhecimento adotados pelas empresas para gerar resultados positivos. Estudos, como o realizado pelo Delloite sobre a visão das gerações *millennial & gen z*, afirmam que, em comparação com as gerações anteriores, os *millennials* querem um bom equilíbrio entre vida pessoal e profissional, sentir-se valorizados regularmente, de forma específica e relevante para suas contribuições, que os ajudem a crescer e desenvolver suas habilidades, além de valorizarem o reconhecimento público, pois ajuda a construir sua reputação e credibilidade.

O reconhecimento dos colaboradores sempre foi uma prática importante para a gestão eficaz. No entanto, em um mercado cada vez mais competitivo, se tornou um diferencial ainda mais importante. Isso porque, com a escassez de talentos, as empresas precisam encontrar maneiras de se destacar para atrair e reter os melhores profissionais.

Adicionalmente, os sistemas de reconhecimento de colaboradores têm impacto positivo significativo na construção de uma marca empregadora forte e na melhoria da experiência do colaborador. Quando os colaboradores se sentem valorizados e reconhecidos, eles estão mais propensos a falar positivamente sobre a empresa para outras pessoas e estão mais propensos a se sentir motivados, engajados e felizes no trabalho.

Nesse contexto, este capítulo tem como objetivo discorrer sobre as estratégias de recompensa além do aspecto financeiro, analisar as diferentes formas de recompensa, incluindo benefícios intangíveis, desenvolvimento profissional, oportunidades de crescimento e reconhecimento público, mostrando como essas iniciativas podem impulsionar a motivação e o comprometimento dos colaboradores. Além disso, o capítulo também irá citar exemplos práticos de programas de reconhecimento bem-sucedidos em diferentes empresas e setores, para inspirar a adoção de iniciativas semelhantes.

Estratégias de recompensa

Uma das principais estratégias de recompensa além do aspecto financeiro é oferecer benefícios intangíveis aos colaboradores. Esses benefícios são aqueles que não envolvem dinheiro diretamente, mas que proporcionam uma melhoria na qualidade de vida, no bem-estar e na satisfação dos colaboradores. Alguns exemplos de benefícios intangíveis são: horários flexíveis, trabalho remoto, semana de 4 dias, ambiente de trabalho agradável, autonomia, *feedback* contínuo, participação nas decisões, acesso à informação, apoio à saúde física e mental, equilíbrio entre vida pessoal e profissional, entre outros.

Esses benefícios intangíveis podem ter um impacto positivo na motivação e no engajamento dos colaboradores por diversas razões:

- Demonstram que a empresa se preocupa com as necessidades e os interesses dos seus colaboradores, gerando um clima de confiança e reciprocidade.
- Permitem que os colaboradores tenham mais controle sobre o seu trabalho e o seu tempo, aumentando a sua autonomia e a sua responsabilidade.
- Favorecem a comunicação e a colaboração entre os membros da equipe, fortalecendo o senso de pertencimento e a identificação com a cultura organizacional.
- Contribuem para a redução do estresse e do absenteísmo, melhorando a saúde e a produtividade dos colaboradores.

Outra estratégia de recompensa além do aspecto financeiro é proporcionar aos colaboradores oportunidades de desenvolvimento profissional, de crescimento na carreira e de reconhecimento público. Essas oportunidades são aquelas que permitem que os colaboradores ampliem os seus conhecimentos, as suas habilidades e as suas competências, que assumam novas responsabilidades e desafios, e que sejam reconhecidos pelo seu trabalho e pelos seus resultados.

Alguns exemplos de oportunidades de desenvolvimento profissional, de crescimento e de reconhecimento são: treinamentos, cursos, *workshops*, mentorias, *coaching*, *feedbacks*, avaliações de desempenho, planos de carreira, promoções, premiações, elogios, agradecimentos, entre outros.

Essas oportunidades podem ter um impacto positivo na motivação e no engajamento dos colaboradores por diversas razões:

- Demonstram que a empresa valoriza o potencial e o talento dos seus colaboradores, gerando um clima de respeito e de valorização.
- Permitem que os colaboradores tenham mais desafios e mais aprendizados no seu trabalho, aumentando a sua autoestima e a sua autoeficácia.
- Favorecem a progressão e a ascensão dos membros da equipe, fortalecendo o senso de realização e de reconhecimento.
- Contribuem para a atração e a retenção dos melhores profissionais do mercado, melhorando a competitividade e a sustentabilidade da empresa.

Exemplos práticos de programas de reconhecimento

Um exemplo de concessão de benefícios intangíveis é uma empresa multinacional do segmento de tecnologia que desenvolveu um programa de reconhecimento não financeiro que incentiva os colaboradores a reconhecerem uns aos outros por qualquer motivo, seja por um trabalho bem realizado, por suas conquistas, por comportamento exemplar ou simplesmente por ser um bom colega. São enviados elogios através de um aplicativo que são exibidos em um mural virtual, onde todos os colaboradores podem ver e comentar.

O programa teve um impacto positivo significativo, pois ajudou a aumentar a satisfação dos colaboradores, a produtividade e a retenção de talentos.

O segundo exemplo é uma empresa multinacional do segmento de telefonia que criou um programa que incentiva os colaboradores a votarem nos colegas que, de acordo com sua opinião, representavam cada um dos valores da empresa. No final de cada mês, o colaborador mais votado recebia um vídeo com o aplauso de toda a diretoria e um pin para colocar no cordão do crachá, acompanhado de um cartão com mensagem do presidente.

O terceiro exemplo é uma empresa nacional do segmento financeiro que possui um portal do reconhecimento, no qual os colaboradores acumulam pontos por receber uma boa avaliação em projetos realizados, por completar tempo de casa, dentre outros critérios. Os pontos acumulados podem ser trocados por cursos e oportunidades de desenvolvimento, utilizando como base o conceito de protagonismo profissional.

O quarto exemplo é de uma empresa multinacional do segmento químico que reconhece colaboradores que tenham contribuído significativamente para a inovação em produtos, processos ou serviços da empresa, bem como para a inovação social por meio de projetos ou iniciativas que tenham impacto positivo na sociedade.

Os vencedores do programa são selecionados por um painel de jurados composto por executivos da empresa e especialistas externos. Os critérios de seleção incluem:

- Impacto da inovação: a inovação deve ter um impacto significativo nos negócios da empresa ou na sociedade.
- Originalidade: a inovação deve ser original e criativa.
- Viabilidade: a inovação deve ser viável para ser implementada.

Os vencedores do programa recebem uma variedade de recompensas não financeiras, incluindo:

- Reconhecimento público: Os vencedores têm suas histórias publicadas no site da empresa e em outros canais de comunicação.
- Oportunidades de crescimento: Os vencedores têm a oportunidade de participar de programas de desenvolvimento profissional e networking.
- Visibilidade para executivos: Os vencedores têm a oportunidade de se apresentar para executivos da empresa.

O programa ajudou a promover a criatividade e a colaboração entre os colaboradores, ajudou a aumentar o índice de satisfação dos colaboradores em 10% e contribuiu para a inovação da empresa.

A implementação e seus desafios

Para implementar um programa de reconhecimento bem-sucedido, é importante considerar os seguintes fatores:

- Objetivos: Qual é o objetivo do programa?
- Público-alvo: Quem são os colaboradores que serão reconhecidos?
- Recompensas: Quais são as recompensas que serão oferecidas?
- Implementação: Como o programa será implementado?

A implementação de um sistema de reconhecimento na empresa busca obter os seguintes resultados:

- Atrair, motivar e reter os melhores colaboradores da organização, criando condições para que desenvolvam as suas competências técnicas em benefício da empresa.
- Assegurar melhores níveis de produtividade e de desempenho na empresa.
- Atingir melhores níveis de eficiência do trabalho, isto é, cumprir as mesmas metas na empresa (em termos de produtividade) de forma a gastar menos recursos possíveis.

O sistema de reconhecimento eficaz está orientado para os objetivos e alinhado à estratégia da empresa, ou seja, aponta aos colaboradores qual o caminho seguir, de forma a desencadear comportamentos que estejam também em consonância com as metas da empresa. Por outro lado, permite bloquear eventuais desvios comportamentais e reforçar a cultura da empresa e o perfil de colaboradores que se pretende atrair e reter na organização.

Definir objetivos claros e valorizar tanto o esforço individual quanto o coletivo tende a promover o trabalho em equipe, a solidariedade e a interdependência entre todos os membros.

Um dos principais desafios é identificar as necessidades e preferências dos colaboradores, pois elas podem variar de acordo com a cultura organizacional e com o perfil dos colaboradores. Uma das maneiras mais eficazes para obter essa identificação é por meio de pesquisas e questionários, que permitem que os colaboradores expressem suas opiniões e necessidades.

A garantia de que as iniciativas sejam justas e equitativas para todos os colaboradores é importante para evitar conflitos e insatisfação. Para isso, as empresas devem adotar uma abordagem de diversidade e inclusão, avaliar seus processos, procedimentos e benefícios, bem como obter o apoio das lideranças.

Dessa forma, testar o programa em pequena escala com um grupo selecionado de colaboradores contribuirá para avaliar a aceitação, a participação e o *feedback* dos envolvidos, facilitando a realização dos ajustes necessários antes de implementar para toda a empresa.

Comunicação do programa

A comunicação é importante para que os colaboradores estejam cientes do sistema de reconhecimento, dos objetivos, dos critérios estabelecidos, da vigência, do que ele oferece, de eventuais alterações ocorridas e para que se sintam motivados a participar.

Os canais para divulgação dos programas de reconhecimento adotados pelas empresas são diversos e devem ser escolhidos de acordo com o público-alvo e os objetivos do programa, bem como considerar a abrangência, eficiência e custo.

A comunicação pode ser feita por meio de canais internos da empresa, como intranet, e-mail, redes sociais, chamadas de vídeo ou comunicados internos, bem como por meio das reuniões de equipe presenciais ou online, tendo em vista que nem todos os profissionais e equipes estão no mesmo local de trabalho.

Os colaboradores devem saber quando seus colegas são reconhecidos, e os dados desse reconhecimento devem estar visíveis para as equipes, visando ajudar a melhorar a comunicação e incentivar a participação de todos.

Ao divulgar o programa de reconhecimento de forma eficaz, as empresas podem aumentar a conscientização sobre o programa e incentivar os funcionários a participarem.

Entrega do reconhecimento

A entrega do reconhecimento ao colaborador é um momento importante, pois é quando o colaborador recebe o *feedback* positivo de seu trabalho e sente-se valorizado pela empresa. Por isso, é importante que a entrega seja feita de forma planejada, cuidadosa e atenciosa.

Alguns cuidados que devem ser tomados na entrega do reconhecimento ao colaborador:

- Seja sincero e genuíno: O reconhecimento deve ser sincero e genuíno, pois os colaboradores percebem quando o reconhecimento é falso ou superficial.
- Seja específico: Não basta dizer que o colaborador fez um bom trabalho. É importante ser específico sobre o que ele fez de bom.
- Seja oportuno: Não espere muito tempo para entregar o reconhecimento. Quanto mais cedo o colaborador for reconhecido, mais ele se sentirá valorizado.
- Seja público: O reconhecimento público pode ser muito motivador para os colaboradores. No entanto, é importante considerar as preferências do colaborador antes de tornar público o reconhecimento.

Ao tomar os cuidados necessários na entrega do reconhecimento, as empresas podem aumentar o impacto positivo do reconhecimento no moral dos colaboradores e na cultura organizacional.

Avaliação do programa

Medir o impacto das iniciativas de reconhecimento na motivação e no comprometimento dos colaboradores pode ser desafiador e requer estabelecer indicadores claros e objetivos para avaliar a eficácia dessas iniciativas. Alguns indicadores que podem ser utilizados:

- Taxa de rotatividade: a taxa de rotatividade ou *turnover*, em inglês, pode ser usada para avaliar a eficácia das iniciativas de reconhecimento não financeiro na retenção de talentos.
- Satisfação dos colaboradores: a satisfação dos colaboradores pode ser avaliada por meio de pesquisas e questionários, que permitem que eles expressem suas opiniões e necessidades, bem como sua satisfação com o programa de reconhecimento.
- Engajamento dos colaboradores: o engajamento dos colaboradores pode ser medido por meio de indicadores como produtividade, qualidade do trabalho e absenteísmo.
- Desempenho organizacional: o desempenho organizacional pode ser avaliado por meio de indicadores como lucratividade, crescimento da receita e participação no mercado.
- Avaliação de desempenho: a avaliação de desempenho é uma ferramenta útil para medir o sucesso do programa de reconhecimento. Ela pode ajudar a identificar se os colaboradores que recebem reconhecimento estão tendo um desempenho melhor do que aqueles que não recebem.
- Taxa de retenção: a taxa de retenção é outra métrica importante para medir o sucesso do programa de reconhecimento. Se os colaboradores se sentirem valoriza-

dos e engajados, é mais provável que permaneçam na empresa por mais tempo.

- Cultura organizacional: a cultura organizacional pode ser avaliada por meio de entrevistas e questionários que permitem mapear a cultura da empresa e os comportamentos desejáveis para fortalecer o engajamento dos colaboradores, além de verificar os impactos do programa de reconhecimento.

O papel da liderança

A liderança desempenha um papel fundamental na implementação e na manutenção de um programa de reconhecimento, o seu alinhamento com a finalidade do programa é um fator-chave para o sucesso.

Os líderes são responsáveis por estabelecer o tom e a cultura do reconhecimento na organização, e por garantir que o programa seja eficaz e bem-sucedido, por meio do acompanhamento dos resultados, da demonstração da importância do programa para os colaboradores e para a empresa, do incentivo à participação e da celebração com os colaboradores.

Vale lembrar que os líderes devem, também, ser um exemplo de comportamento que desejam ver nos seus colaboradores, fornecer *feedback* frequente e construtivo para que entendam o que estão fazendo bem e o que podem melhorar, bem como criar um ambiente de trabalho positivo e motivador, de forma a contribuir para que se sintam valorizados e apreciados.

Revisão do programa

Considerando o cenário de constantes mudanças, torna-se importante a revisão e a atualização periódica dos programas, de forma a permanecerem eficazes e continuarem a impactar positivamente.

Como citado anteriormente, a análise e a interpretação dos indicadores e dos resultados das pesquisas realizadas são importantes para verificar se os colaboradores ainda valorizam os tipos de reconhecimento que estão recebendo e para a identificação dos ajustes necessários.

A partir dessa avaliação, deve-se promover as melhorias sempre que possível. Para aquelas que não for possível implementar, é importante comunicar e explicar o porquê.

A implementação dessas iniciativas pode exigir um investimento significativo de tempo e recursos da empresa. É importante que a empresa esteja comprometida em fornecer os recursos necessários para implementar essas iniciativas com sucesso.

Criar um programa de reconhecimento é um bom começo, mas não é suficiente. As empresas precisam reavaliar constantemente suas práticas e estratégias de reconhecimento para garantir que elas estejam alinhadas com os objetivos da empresa e com a cultura organizacional.

À medida que as empresas crescem, esse desafio se torna ainda maior. Os líderes precisam repensar a maneira como agregam valor à experiência de reconhecimento dos colaboradores.

Ao investir em programas de reconhecimento eficazes, as empresas podem construir uma marca empregadora forte, melhorar experiência do colaborador, atrair, engajar e reter os profissionais que o negócio precisa.

É importante, também, lembrar que cada empresa é única e deve criar suas próprias iniciativas de acordo com sua cultura organizacional e com as necessidades dos colaboradores.

Valorizar os colaboradores da empresa significa trabalhar diariamente para elevar a motivação e satisfação. Não é só o colaborador que sai ganhando com esse tipo de esforço, pois, como comentamos no início do capítulo, a organização colhe os frutos de um time mais feliz, engajado e produtivo.

Referências

Hastwell, C. (2023). *Criando uma cultura de reconhecimento*. Great Place To Work. Disponível em https://gptw.com.br/conteudo/artigos/criando-uma-cultura-de-reconhecimento/

Millennial & Gen Z Survey 2023. Deloitte. (2023). Disponível em https://www2.deloitte.com/br/pt/pages/human-capital/articles/millennials-survey.html

Katia Moreno – Bacharel em Administração de Empresas, com pós-graduação em Administração Financeira e MBA em Recursos Humanos pela FIA-USP. Certificada pela Persona Global (USA) em Comunicação Interpessoal e Desenvolvimento de Lideranças, e em Master Coaching e Mentoring pelo Instituto Holos. Possui formação em Consultores em Desenvolvimento Humano e Líderes Facilitadores pela Adigo Consultores e é certificada na metodologia DISC. Também possui certificação no Programa de Capacitação e de Formação de

Multiplicadores de Conhecimentos em Micro e Pequenas Empresas (MPEs). Coautora do livro "Coaching – Aceleração de Resultados", contribuindo com o capítulo "Coaching como facilitador do processo de mudança organizacional". Atua como professora convidada em cursos de Pós-Graduação.

CAPÍTULO 8

Cultura Inclusiva: Por onde Começar?

Arlane Gonçalves

"Não podemos resolver uma crise sem tratá-la como tal. E se as soluções dentro do sistema são tão difíceis de encontrar, talvez seja hora de mudar o próprio sistema."
Greta Thunberg

Quando uma pessoa cria uma empresa, ela geralmente tem em mente, mesmo que de forma embrionária, a imagem do que deseja que seja a cultura do seu empreendimento.

Seja uma cultura orientada fortemente ao resultado, seja uma cultura acolhedora, uma cultura inovadora..., podemos dizer que, dentre sonhos e expectativas, há grandes chances de que o ponto de partida da imagem de cultura da mente da pessoa fundadora seja um ponto de boas intenções.

Esta cultura da qual estamos falando, no caso, pode ser entendida como o conjunto de valores, crenças, normas, comportamentos e práticas compartilhados pelas pessoas que compõem a organização. É a "personalidade" dela, que delineia como seus agentes interagem entre si, como percebem a liderança, tomam decisões e se relacionam com partes interessadas externas. A cultura desempenha um papel crucial na definição da missão, visão e valores do ambiente, que são materializados na forma de agir e na capacidade de adaptação às mudanças.

Conforme o negócio cresce e novas relações se estabelecem, o que antes era só imaginação vai dando lugar à realidade. E, assim, nem sempre as boas intenções lá do começo se traduzem numa cultura que, de fato, seja pautada em fundamentos básicos como o respeito.

Apesar de nós pessoas brasileiras acreditarmos que somos um povo muito cordial, se olharmos para os dados do mercado de trabalho brasileiro da atualidade, por exemplo, vamos notar que o nosso cenário não é tão cordial assim. Ao contrário, nossas organizações possuem uma série considerável de desafios.

Vamos então conhecer um pouco mais destes indicadores.

De acordo com a Aberje, 72% das mulheres já sofreram assédio no trabalho. Já conforme o site oficial da Justiça Trabalhista, a instituição recebe, em média, 6,4 mil ações relacionadas a assédio moral no trabalho por mês. Em 2022, este número se acumulou em 77,5 mil ações ajuizadas em todo o país.

Uma análise do escritório Trench Rossi Watanabe constatou um aumento relevante dos processos envolvendo pautas ESG (ambiental, social e de governança), sobretudo questões sociais. Temas como etarismo, gordofobia, transfobia e discriminação contra pessoas com deficiência (PcD) começaram a aparecer, a partir de 2020, com mais frequência nas mesas da Justiça do Trabalho.

O escritório também identificou que o maior volume de ações discute racismo. Entre 2017 e 2019, foram 7.724 processos. Nos três anos seguintes, 15.720. E, em 2023, 3.370 processos foram registrados, em linha com a média dos dois anos anteriores.

O Brasil é hoje um dos líderes mundiais em *burnout* (estado de esgotamento físico, mental e emocional causado por um prolongado envolvimento em situações de estresse, especialmente relacionadas ao trabalho). Inclusive, estima-se que o custo dessa síndrome chegue a aproximadamente 296 bilhões de reais por ano ou 4% do produto interno bruto nacional.

A partir deste cenário, uma pesquisa da FGV identificou os principais direcionadores de impacto negativo em saúde mental decorrentes das dinâmicas de trabalho. São eles: sobrecarga (citada por 43% das pessoas entrevistas), pressão por resultados e metas (31%), sentir que precisa estar disponível o tempo todo (30%), falta de reconhecimento (30%).

Outro levantamento mostra que a demissão atinge 56% das mulheres após a licença-maternidade – fenômeno que as afeta de maneira específica e desproporcional, especialmente se comparamos com a realidade dos homens. Já uma pesquisa do Ipsos constata que cerca de 33% da população brasileira não gosta de ter uma chefe mulher.

No final de 2022, o IBGE revelou que apenas 26% das pessoas com deficiência estavam no mercado de trabalho, e mais da metade trabalhava na informalidade. Na sequência, um estudo da Talento Incluir revelou que cerca de 60% destas pessoas nunca foram promovidas. Além disso, 45%

delas permanecem no mesmo cargo e na mesma empresa por mais de uma década.

Ainda sobre o mundo do trabalho, um estudo do Insper demonstrou que pessoas negras ocupam apenas 9,5% dos cargos de diretoria das empresas listadas na B3 – lembrando que estamos num país de 56% de pessoas negras. Além disso, seus salários correspondem a cerca de 75,5% dos salários de seus pares brancos.

Há até mesmo estudos, dentre eles um recente da Dove, que evidenciam que o cabelo das mulheres negras tem mais chances de ser percebido como pouco profissional. Este fator é um dos podem contribuir, por exemplo, para que aproximadamente 25% das empresas brasileiras não tenham nem sequer uma mulher negra como colaboradora – ainda que elas sejam 28% da população do país, ou seja, a maioria.

Uma coisa é verdade: trabalhar é uma atividade desafiadora para todas as pessoas. Em diversos sentidos e dimensões. E, em adição a isso, existem estes e muitos outros dados que mostram o quanto as culturas das organizações são perpassadas por desafios que tornam a realidade de determinados grupos e perfis ainda mais árdua.

O ponto é que, no final das contas, apenas a boa intenção de ter uma cultura bacana não é suficiente. Esperar que o trabalho se resuma apenas à entrega do trabalho em si, descaracterizando a parte relacional deste processo, é uma expectativa frustrada por natureza.

Há aqui uma série de fenômenos que vão se sobrepondo à personalidade de uma organização, quer tenhamos a intenção ou não. Isto posto, se a liderança e as pessoas que compõem este ambiente desejam trabalhar num lugar que seja minimamente saudável para todas as pessoas, há um trabalho específico a ser feito.

E é sobre esta jornada que vamos conversar agora

Por onde podemos começar

Como Consultora de Liderança e Equidade, um dos trabalhos que faço e que considero fundamental é escutar a liderança.

Digo que é fundamental porque, qualquer que seja a transformação cultural que se deseja fazer dentro de uma organização, a liderança é indubitavelmente o elemento-chave. É ela que exerce o papel de estabelecer os padrões de comportamento. É ela que determinada, do menor ao maior detalhe, o que é endossado, aceito, apoiado, negligenciado e recompensado.

Este projeto consiste então em estruturar, de forma estratégica, um escopo de escuta através do qual extraímos as perspectivas, ideias, conceitos e expectativas que estão dentro da cabeça de quem lidera, acerca de determinada temática.

Após implementar uma série destas escutas em organizações de diversos tamanhos e segmentos, especialmente dentro da temática de desenvolvimento de uma cultura mais inclusiva, eu e minha equipe encontramos um padrão de barreiras que se repete quase que categoricamente na mentalidade destas lideranças.

Antes de prosseguirmos para conhecer estas barreiras e as formas de superá-las, vamos somar à definição de cultura organizacional o conceito de Cultura Inclusiva.

Uma Cultura Inclusiva é aquela que busca criar um ambiente onde, de fato, todas as pessoas se sintam aceitas, respeitadas, desenvolvidas e encorajadas a contribuir plenamente. Este ambiente se alicerça na Segurança Psicológica, que se refere à percepção de segurança para expor ideias e erros, sem medo ou receio de retaliação. A construção de uma Cultura Inclusiva também envolve a valorização das diversidades e a promoção de políticas, práticas e comportamentos que eliminam preconceitos, discriminação e barreiras, além do fomento à equidade e à acessibilidade.

Reconhecimento da Cultura Formal e da Cultura Material

Cultura Formal refere-se ao discurso adotado para descrever e apresentar uma organização. É aquele que está no site oficial, no anúncio de uma vaga, no relatório anual, na fala da área de recrutamento e seleção na hora da entrevista, nas premiações e, principalmente, na forma como líderes e pessoas colaboradoras apresentam a organização para agentes internos e externos. É o discurso que a organização espera que seja reproduzido e pelo qual ela deseja ser reconhecida.

A Cultura Material é aquela que de fato acontece. Nos corredores do escritório e do Zoom, nas reuniões a portas fechadas, nos bastidores e na hora que a câmera está desligada. É como de fato as decisões são tomadas e as relações, especialmente as de poder, são forjadas.

Para além do que foi assinalado no sistema operacional, como é que de fato se deu a avaliação de performance? Com que critérios, grau de objetividade e de justiça ela foi aplicada? Mecanismos formais foram adotados para interpelar a interferência de estereótipos no processo? E a última contratação e promoção da área? Foram de fato definidas por parâmetros de competência? Ou no final uma mulher foi despriorizada porque podia engravidar e uma pessoa 50+ desclassificada por ter "menos agilidade"?

Nas escutas com líderes, mesmo em ambiente seguro e individual, nota-se uma grande dificuldade em reconhecer que há diferenças entre a Cultura Formal e a Cultura Material.

É importante ressaltar que está tudo bem em existirem duas dimensões culturais. A Cultura Formal, de certo modo, acaba se configurando como o objetivo, como o ideal da organização. É o que ela aspira ser. E como nós não vivemos no mundo ideal, faz todo sentido que o idealizado se difira sim do mundo real.

Todavia, não reconhecer, mesmo que minimamente, que a Cultura Material está permeada de desafios que precisam ser endereçados para pavimentar a jornada rumo à Cultura Formal é uma postura ingênua ou contraproducente. Ou os dois. Insistir que a Formal é a que de fato acontece no dia a dia significa apenas que os tais desafios mencionados continuarão tendo todas as condições favoráveis para serem perpetuados e até agravados.

Por consequência, o *primeiro passo* para construir uma Cultura Inclusiva é colocar em prática este *reconhecimento* de como a cultura vivida de fato se constitui.

Se hoje a nossa Cultura Material está tão distante daquilo que, de postos das nossas boas intenções, proclamamos como o ideal de valores, crenças, normas, comportamentos e práticas que queremos exercer, é o nosso dever reconhecer isso para só então ser possível avançar para os próximos passos.

Reconhecimento de que "aqui sim"

No começo deste capítulo, trouxemos alguns dos dados que demonstram o quanto a realidade corporativa foge da nossa noção de cordialidade. Embora estas informações sejam de domínio público, não necessariamente todas as pessoas estão a par delas. Ou, mesmo que tenham uma ideia, não necessariamente compreendem a profundidade, a gravidade e a complexidade de todo esse contexto.

Nas escutas com a liderança, é possível perceber algum nível de ciência, em maior ou menor grau, sobre a existência de fenômenos como desrespeito, assédio, discriminação no mercado de trabalho. Ainda assim, mesmo entre líderes que demonstram um bom nível de conhecimento, há uma considerável negação de que, na atual organização na qual esta pessoa trabalha, exista qualquer chance de fenômenos como estes se sucederem.

É o viés do "não aqui".

E as explicações para este tipo de resposta se dão das mais diversas formas. Justificativas como "aqui somos uma família" até "eu nunca vi isso aqui" se repetem massivamente. Podemos até chamar esta reação de *dissociação*. Se vivemos num país no qual 56% das mulheres são demitidas na volta da licença maternidade, e no qual 6,4 mil denúncias de assédio moral chegam na Justiça por mês, com base em que eu poderia afirmar que nada disso se sucedeu, se sucede ou se sucederá no meu local de trabalho?

Desta forma, o *segundo passo* essencial na jornada de construção de uma Cultura Inclusiva é a *geração de dados*. Para contrapor achismos e romper com este ciclo do "não aqui", é imprescindível que adotemos a mesma lógica das demais áreas do negócio: dispor de pesquisas internas e outras ferramentas que forneçam insumos para a formalização de *indicadores*.

Recentemente, por exemplo, foi aprovada a *Lei de Igualdade Salarial* (14.611/2023), que impulsiona as organizações a fecharem a disparidade de remuneração entre homens e mulheres. Entretanto, mesmo que existam indicadores gerais para o mercado, antes de implementar qualquer ação a respeito, é necessário que existam dados sólidos para embasar as tomadas de decisão dentro da respectiva organização.

Os fenômenos culturais citados neste texto também podem ser mensurados através de abordagens quantitativas e qualitativas, permitindo que se visualize a fotografia do momento organizacional e dos seus desafios. Por outro lado, este passo empodera e encoraja a liderança a adotar a postura do "aqui sim" – sendo esta uma postura *fundamentada*, *crítica* e, sobretudo, *propositiva*. Com foco totalmente direcionado para a mudança.

A cultura toma o *compliance* de café da manhã

Uma vez que a liderança avançou do passo de reconhecimento das particularidades da Cultura Material e dos dados que evidenciam os fenômenos que as compõem, chegou a hora de se pensar em soluções.

Dentro da escuta, inserimos então momentos específicos para capturar as percepções da liderança quanto ao que pode e deve ser feito. Dentre as respostas, uma geralmente se destaca: a *expectativa de que o compliance seja a única ferramenta necessária* para conter e exterminar quaisquer situações que impactem negativamente a cultura organizacional.

Por *compliance* entendemos o conjunto de práticas, políticas e procedimentos implementados para garantir que as operações estejam em conformidade com as leis, regulamentos, padrões éticos e normas aplicáveis. O *compliance* existe para assegurar que a organização atue de maneira ética, legal e transparente, minimizando riscos reputacionais, legais e financeiros.

Então, na fala de muitas lideranças, basta que se coloque no Código de Conduta que o respeito é a base do negócio que prontamente todas as pessoas envolvidas vão apenas respeitar; ou que basta implementar um canal de denúncias que prontamente todas as pessoas que vivenciaram ou presenciaram alguma situação de desrespeito vão denunciar; ou que basta publicar na política interna que a diversidade faz parte dos valores da organização que todas as pessoas colaboradoras vão deste valor compartilhar.

Esta é uma visão simplista das nossas relações

Em primeiro lugar, pressupõe que os fenômenos que impactam negativamente a cultura organizacional são sempre óbvios para todos, explícitos, excepcionais e "grandes". Nesta fase, é muito comum escutar que a demissão é a solução para casos de discriminação. Mas será?

Quando uma liderança demite uma mulher que volta de licença-maternidade porque acredita que agora ela não vai se dedicar como deveria, ou porque acredita que ela tem mesmo é que cuidar do bebê, ou porque não estruturou sua área para recebê-la no retorno, uma discriminação de gênero está acontecendo.

Quando uma pessoa com deficiência é descartada das oportunidades de ascensão por acreditarem que o topo não é lugar para alguém como ela, e quando um homem gay é desconsiderado porque entendem que ser afeminado não combina com um cargo de chefe, discriminações estão se concretizando.

Para estes casos, que não são excepcionais, mas sim parte da normalidade da organização, a demissão é a solução? Se sim, demissão de quem, por quem? Ela soluciona exatamente o quê? E o que vem depois?

Não apenas estamos falando de dinâmicas que compõem o dia a dia de como tomamos decisões, como estamos falando também de *nuances*, das entrelinhas do nosso conjunto de valores, crenças, normas, comportamentos e práticas.

Os 33% de pessoas brasileiras que afirmam não gostar de ter uma chefe mulher, não necessariamente expressam isso com todas as letras no ambiente de trabalho. Às vezes, está tudo nos pequenos detalhes: é na interrupção constante dela, na invalidação da entrega que ela faz, na desconsideração da ideia que ela apresenta, na apropriação desta mesma ideia, no desrespeito e não reconhecimento da sua autoridade, no tratamento a ela como frágil e "exceção", na delegação de tarefas invisíveis (organizar a sala de reunião, fazer ata etc.), mesmo quando não é a função dela, na brincadeira desrespeitosa disfarçada de elogio...

Aliás, vale fazermos aqui um parêntese: estes 33% são a fração que tem a coragem de verbalizar a preferência pela liderança de homens. Num país no qual 84,5% da população tem algum preconceito contra as mulheres, de acordo com a ONU, esta percepção pode certamente significar e impactar muito mais.

Bom... para estes casos, que também se configuram como discriminação, que não são excepcionais e que são raramente notados, a demissão é a solução? Se sim, demissão de quem, por quem? Ela soluciona exatamente o quê? E o que vem depois?

Em segundo lugar, esta visão categórica de que *a cultura será domada pelas rédeas do compliance* através de suas regras escritas e eventuais punições desconsidera o fato de que hoje nós já temos regras escritas e eventuais punições.

Aliás, nós já temos regras muito bem escritas. E punições deveras muito exemplares. Ainda assim, a cultura continua tomando o *compliance* de café da manhã.

Enquanto é verdade que o *compliance* desempenha uma função primordial para garantir que o sistema e a cultura da organização se alinhem em operações éticas, legais e transparentes, novamente, sozinha, esta ferramenta não constrói uma Cultura Inclusiva.

Em suma, apesar de todos esses recursos e das nossas boas intenções, a cultura continua sujeita a não ser aquilo que queremos, sendo por vezes exatamente aquilo que não queremos.

E aí, o que fazemos com isso?

A cultura no divã

A cultura organizacional é extremamente complexa. E se torna ainda mais complexa à medida que a atualidade se intensifica e se transforma.

O antropólogo norte-americano Jamais Cascio nos concede uma ferramenta que podemos aplicar no entendimento deste contexto. É dele o conceito de BANI, recentemente popularizado.

Na análise de Cascio, nós evoluímos do mundo VUCA (volátil, incerto, complexo e ambíguo), que se caracterizava como relativamente estável, com mudanças lentas e previsíveis. Agora, chegamos ao mundo BANI: traduzido do inglês, *frágil*, *ansioso*, *não linear* e *incompreensível*.

Fazendo as conexões do BANI com o funcionamento da cultura organizacional, podemos visualizá-la da seguinte forma:

- **Frágil**: culturas são sólidas até que deixem de ser. Quando isso acontece, elas não necessariamente se transformam de maneira ordenada ou previsível. Ao chegarem ao seu ponto de ruptura, este processo pode se desencadear de maneira bastante intensa e acelerada.
- **Ansiosa**: por conta do alto grau de incerteza e de novas demandas que se sobrepõem à cultura, todas as escolhas têm chances de trazer resultados não desejados e até mesmo desastrosos. Com isso, há duas condições extremas que podem nortear as tomadas de decisão: a passividade (composto pelo medo e inação) ou o

desespero (reações desenfreadas, desconectadas e sem um rumo estratégico).

- **Não-linear**: a cultura está sujeita a imprevisibilidades, a resultados derivados de eventos inesperados e não programados e, consequentemente, à quebra de padrões e expectativas estabelecidas.
- **Incompreensível**: à medida que mudanças vão acontecendo, novas definições e novos processos vão sendo formulados, e novas formas de fazer as coisas vão sendo testadas e colocadas em prática. Neste processo, a falta de respostas precisas e de manutenção da lógica até então conhecida contribuem para a dificuldade de compreensão e acompanhamento do que está acontecendo.

Exploramos um pouco este conceito para dizer que *não há uma única solução possível para transformar a cultura organizacional em uma cultura inclusiva*. Estamos falando, acima de tudo, de uma *jornada*.

As tentativas de soluções devem estar à altura da complexidade do desafio, se formatando então como um *conjunto de tentativas de soluções*, que atacam diversas frentes, em diversas ordens, tempos e diversos formatos de atuação.

Retomando o tópico anterior, notamos que o *compliance* pode ser sim uma destas soluções e fazer parte deste conjunto de ferramentas. Somado a ele e as outras ações que recomendamos, destacamos outras importantes tentativas de solução:

Investimento

Recentemente, uma empresa identificou um altíssimo nível interno de assédio sexual, e procurou a minha Consultoria para solicitar uma roda de conversa. O cliente esperava que uma conversa de uma hora de duração resolvesse a questão, fornecendo o letramento necessário para entender o conceito e a dinâmica do assédio, e as ferramentas para combate ao fenômeno no dia a dia das pessoas que ali trabalhavam.

Interessante notar que quando uma organização muda seu sistema operacional, por exemplo, ela implementa um processo estruturado de *Gestão da Mudança*, com várias fases, recursos e espaços de aprendizado. E, especialmente, tempo hábil dedicado. Por que então na hora que falamos de algo tão grave e tão sério como assédio sexual a percepção é de que o problema será endereçado como num aperto de botão?

Olhando este cenário através das lentes BANI, encontramos uma série de fatores externos atuais que compelem as empresas ainda mais a adotarem uma postura de responsabilidade aqui, vide movimentos como o *Me Too*, que começou como protesto contra o assédio e agressão sexual dentro do audiovisual norte-americano e se espalhou pelo mundo inteiro, e a sanção da *Lei 1.457/2023* que, dentre outras coisas, passa a exigir treinamentos específicos sobre assédio sexual dentro das organizações brasileiras.

O ponto é que para todas essas questões faz-se imprescindível que as empresas estruturem investimentos significativos, de impacto e que contemplem o curto, o médio e longo prazo.

A cultura é um ente complexo e, como tal, não muda da noite para o dia. O conjunto de esforços que é necessário para promover sua transformação demanda, entre outras coisas, *orçamento*, *estratégia* e *gestão*.

Treinamento

Seguindo a linha do tópico anterior, a construção de uma Cultura Inclusiva precisa também do *desenvolvimento de novas habilidades*.

Uma das reflexões do filósofo suíço-britânico Alain de Botton é a máxima de que nós não nascemos sabendo nos relacionar: nós temos que aprender a nos relacionar. Nós temos que desenvolver as habilidades necessárias para forjar as relações de respeito e cordialidade que desejamos ter no ambiente de trabalho.

E isso vale para tudo: para colaborar, para liderar, para dar *feedback*, para contratar, para delegar, para promover, para demitir. Para todas as nossas frentes de relacionamento, é fundamental que tenhamos a oportunidade de aprender e de desenvolver as habilidades socioemocionais fundamentais, também conhecidas como *soft skills*, para termos uma cultura efetivamente inclusiva.

A *educação corporativa é uma estratégia de transformação cultural primordial e contínua*, que deve continuar existindo enquanto existir a organização.

Um dos métodos que tenho visto como mais eficazes é o de trazer uma *abordagem específica e focada para a lideran-ça*, fazendo uso do papel dela de estabelecer os padrões de comportamento, promovendo o cascateamento dos novos valores e paradigmas agora aceitáveis e esperados dentro das equipes e da organização.

Também é importante ressaltar que os fóruns de treinamento precisam trazer a base de conhecimento e os caminhos práticos para exercê-la, em conexão ao dia a dia de cada função. É através da visualização de novas realidades e da repetição deste novo anseio de cultura que vamos avançando para o horizonte de uma cultura mais respeitável e inclusiva.

Responsabilização

Nenhuma rede de pesca, por mais espetacular que seja, trará peixes de volta para o barco se ninguém ficar encarregado de puxá-la. O mesmo vale para transformações culturais no ambiente corporativo. Nenhum esforço, por mais grandioso que seja, valerá a pena se a liderança não for posicionada como responsável.

Neste tópico, estamos falando de mecanismos formais de responsabilização. Para além da boa vontade de uma ou outra liderança, do engajamento pela possível afinidade, é extremamente importante que as ferramentas organizacionais sejam utilizadas para direcionar o papel deste nível hierárquico aqui:

- **Plano de Ação com prazos e metas**: é uma prática cada vez mais comum, após o processo de estruturação de indicadores, a formalização de um Plano de Ação contendo prazos e metas. Este é o momento de identificar as prioridades da organização, definir os recursos que serão dedicados e, principalmente, definir a atribuição de responsabilidades dentro de uma Governança responsiva. Elevando ainda mais o patamar deste passo, empresas como Gerdau, Natura e Ambev passaram a publicar suas metas para o conhecimento do público externo e, principalmente, a atrelá-las a impactos financeiros nos rendimentos da liderança. A responsabilização impulsiona a organização para ir além da formalidade. Não basta apenas polir o discurso, exibir uma Cultura Formal *state-of-the-art*, reconhecer desafios e publicar seus objetivos: é indispensável evidenciar, com pesos e contrapesos, cada nome que ficará encarregado de puxar a rede.

- **Conexão com ferramentas externas**: com o crescimento da relevância e demandas pelas práticas ESG, o ambiente de negócios encontra cada vez mais plataformas externas nas quais pode se ancorar. Um exemplo é a Agenda 2030 da ONU com seus dezessete Objetivos de Desenvolvimento Sustentável (ODS) – cada um deles serve como insumo para embasar e direcionar as decisões da organização. Há também coalizões como o Pacto de Promoção da Equidade Racial e associações como o Capitalismo Consciente Brasil. Estas e outras plataformas promovem a conexão de empresas com as demandas da atualidade e com pares igualmente interessados em promover significativas transformações.

A cultura depois do divã

Embora a cultura real dificilmente seja aquela da imaginação da pessoa fundadora no evento de criação do seu empreendimento, e embora as nossas boas intenções não se traduzem de fato em impacto, as organizações ainda têm sim a possibilidade de desenvolver culturas inclusivas.

Para além da negligência, da idealização e da indiferença, é fato que uma Cultura Inclusiva é um meio poderoso para impulsionar a produtividade, a alta performance, a inovação, a saúde mental e a sustentabilidade, dentre outros *drivers*. Ela não se opõe a eles, ao contrário: é a base para que eles floresçam.

Dados da BCG demonstram que, quando a liderança sênior é fortemente comprometida com a construção de uma Cultura Inclusiva, a média liderança se compromete 3 vezes mais em prover um ambiente seguro para seus times. Já quando a liderança sênior é mais diversa, o senso de pertencimento da organização atinge picos de 85%. O *turnover* também é impactado: quando a pessoa colaboradora sente que tem o suporte de sua liderança, ela tem 4% de chance de mudar de emprego, em comparação com 17% das pessoas que não se sentem contempladas.

Além disso, a Segurança Psicológica é positivamente alavancada quando lideranças se comprometem com a jornada da Cultura Inclusiva: em ambientes assim, as pessoas têm 33% a mais de chance de se sentirem confortáveis para falar e se posicionar diante de situações de desrespeito e discriminação.

A cultura não é um ente dado, imutável. É uma construção contínua. E pode ser constantemente transformada.

O mundo do trabalho é desafiador e exige muito de todos nós. Em muitas instâncias, ele é também o reflexo da nossa visão de mundo, valores e comportamento em sociedade.

O que ele também pode ser é um lugar onde todas, todas as pessoas se sintam aceitas, respeitadas, desenvolvidas e encorajadas a contribuir plenamente. Para isso, cada um de nós precisa avançar em direção a cada um destes passos e o fazer com *intencionalidade*.

Nada do que nós somos hoje é resultado do acaso. E tudo o que seremos no futuro será imprescindivelmente resultado do que fizemos, de propósito, hoje.

Este é o desafio que está posto para mim, para você, para todas as organizações e para toda a sociedade. Que presente e que futuro nós queremos?

Que presente e que futuro nós podemos, intencionalmente, fazer possíveis?

Referências

72% das mulheres sofreram assédio no trabalho, aponta pesquisa da Aberje. (2022, 7 maio). *Exame*. ESG. Disponível em: https://exame.com/esg/72-das-mulheres-sofreram-assedio-no-trabalho-aponta-pesquisa-da-aberje/

Alain de Botton on love. YouTube (2020, 11 abril). Disponível em: https://www.youtube.com/watch?v=Ctz6eJ3Pr94

Autodeclaração da pessoa com deficiência não pode ser entrave no trabalho. (2023, 14 outubro). *Terra*. Economia. Disponível em: https://www.terra.com.br/economia/autodeclaracao-da-pessoa-com-deficiencia-nao-pode-ser-entrave-no-trabalho,dbf36ccbe9a457a1c1b4539e35d56d2acfypch7g.html

Cascio, J. (2021). *A educação em um mundo cada vez mais caótico*. Boletim Técnico Do Senac, 47(1), 101-105. Disponível em: https://doi.org/10.26849/bts.v47i1.879

Demissão atinge 56% das mulheres após licença-maternidade, aponta levantamento. (2023, 14 maio). *Valor Investe*. Empresas. Disponível em: https://valorinveste.globo.com/mercados/renda-variavel/empresas/noticia/2023/05/14/demissao-mulheres-apos-licenca-maternidade-aponta-levantamento.ghtml

Gonçalves, A. *Metas de diversidade são apenas o começo do jogo*. (2021, 22 setembro). *Mentalidade Inclusiva*. Disponível em: https://www.linkedin.com/pulse/metas-de-diversidade-s%C3%A3o-apenas-o-come%C3%A7o-do-jogo-arlane-gon%C3%A7alves?lipi=urn%3Ali%3Apage%3Ad_flagship3_series_entity%3Bi9KqYr%2FZSZaj9Fkvz7vUsA%3D%3D

Gonçalves, A. *Por um Afrofuturo do Trabalho*. (2023, 7 agosto). *Mentalidade Inclusiva*. Disponível em: https://www.linkedin.com/pulse/r-um-afrofuturo-do-trabalho-arlane-gon%C3%A7alves?lipi=urn%3Ali%3Apage%3Ad_flagship3_series_entity%3Bn%2FAtKGR8SoOifqyklEihNQ%3D%3D

Justiça do Trabalho recebe mensalmente cerca de seis mil ações por assédio moral. (2023, 7 julho). *Justiça do Trabalho*. Notícias do TST. Disponível em: https://www.tst.jus.br/-/justi%C3%A7a-do-trabalho-recebe-mensalmente-cerca-de-seis-mil-a%C3%A7%C3%B5es-por-ass%C3%A9dio-moral%C2%A0

Justiça registra aumento no volume de processos sobre discriminação. (2023, 30 agosto). *Valor Econômico*. Legislação. Disponível em: https://valor.globo.com/legislacao/noticia/2023/08/30/justica-registra-aumento-no-volume-de-processos-sobre-discriminacao.ghtml

Negros recebem menos do que brancos em cargos de diretoria de empresas abertas. (2022, 27 novembro). *Folha de São Paulo*. FOLHAINVEST. Disponível em: https://www1.folha.uol.com.br/mercado/2022/11/negros-recebem-menos-do-que-brancos-em-cargos-de-diretoria-de-empresas-abertas.shtml

Pesquisa mostra como as empresas cuidam da saúde mental dos seus funcionários. (2023, 27 abril). *Portal FGV*. Administração. Disponível em: https://portal.fgv.br/noticias/pesquisa-mostra-empresas-cuidam-saude-mental-seus-funcionarios

Pessoas com deficiência têm maior dificuldade de inserção no mercado de trabalho e acesso à educação, aponta IBGE. (2023, 7 julho). *G1*. Jornal Nacional. Disponível em: https://g1.globo.com/jornal-nacional/noticia/2023/07/07/pessoas-com-deficiencia-tem-maior-dificuldade-de-insercao-no-mercado-de-trabalho-e-acesso-a-educacao-aponta-ibge.ghtml

The leader's guide to corporate culture. (2018). *Harvard Business Review*. Organizational Culture. Disponível em: https://hbr.org/2018/01/the-leaders-guide-to-corporate-culture

What bani really means. (2022, 22 julho). *Forbes*. Leadership Strategy. Disponível em: https://www.forbes.com/sites/jeroenkraaijenbrink/2022/06/22/what-bani-really-means=-and-how-it-corrects-your-world-view/?sh-205d756611bb

Arlane Gonçalves – CEO Fundadora da AGC, Consultoria de Cultura, Equidade e Comunicação. É LinkedIn Top Voice e recebeu duas vezes o prêmio Feedz RH. É também palestrante, mentora e professora. Com um time diverso e multidisciplinar, une um amplo repertório de experiências corporativas ao conhecimento acadêmico para construir, com organizações de vários segmentos e tamanhos, culturas afirmativas, de pertencimento e de alta performance. Sua missão é trabalhar e inovar por mais igualdade nas organizações – e para além delas.

CAPÍTULO 9

Adaptação Cognitiva às Mudanças Organizacionais:

Como a TCC Pode Facilitar a Adaptação Positiva às Mudanças na Cultura Organizacional

Tânia Regina Rosa

"Aquele cuja vida tem um porquê pode suportar quase todos os comos."
Friedrich Nietzsche

Pensamentos, ah, os pensamentos... Resultados de processos internos cuja engrenagem é composta, principalmente, por traços de personalidade e ambiente, são responsáveis por delícias, medos, rotinas, enfim, por como conduzimos nossa existência. São reconhecidos como a parte do processo cognitivo que se refere a todas as atividades mentais relacionadas ao conhecimento, incluindo a percepção, a memória, o raciocínio e a resolução de problemas. Os pensamentos são expressões específicas desse processo, representando as formas como interpretamos informações, fazemos associações e processamos ideias em nossa mente.

Resumida e didaticamente, podemos explicar o processamento da cognição como: 1. conjunto de processos mentais; 2. forma como o cérebro percebe, aprende, recorda e pensa sobre toda informação captada por meio dos órgãos do sentido; e 3. suposição de que nós não percebemos e atuamos diretamente no mundo – ao contrário, percepções, pensamentos e ações dependem de transformações internas.

Aprofundando um pouco essa interação

Para ilustrar a complexidade do assunto, trago um tema interessante. Será que a linguagem verbal pode influenciar nossa compreensão do mundo? Esse é um dos tantos desafios enfrentados pelos neurocientistas, iniciado pela teoria da relatividade linguística levantada por dois linguistas: o americano Benjamin Whorf e o alemão Edward Sapir. Essa abordagem destaca a estreita relação entre linguagem, pensamento e cultura, enfatizando como a língua pode moldar e influenciar a maneira como as pessoas percebem, pensam e interpretam o mundo ao seu redor (Sampaio, 2018). Isso se torna mais relevante atualmente na medida em que as formas de trabalhar se tornaram intercontinentais, via trabalho remoto, por exemplo.

Seguindo o raciocínio do processo interno de cognição, para o qual a linguagem apresenta grande contribuição, temos ainda um personagem relevante no contexto, chamado Sistema Atencional, cujo controle é compartilhado por dois sistemas internos: 1 e 2. O best-seller *Rápido e Devagar: duas formas de pensar*, do economista Daniel Kahneman, traz à luz o processamento desses sistemas.

O sistema 1 opera automática e rapidamente, com pouco ou nenhum esforço e nenhuma percepção de controle voluntário; o sistema 2 aloca atenção às atividades mentais laboriosas que o requisitam, incluindo cálculos complexos. As operações do sistema 2 são muitas vezes associadas com a experiência subjetiva de atividade, escolha e concentração.

Estudos e experimentos demonstrados na obra deixam claro o quanto somos guiados pela via 1, de pensamentos rápidos e automáticos, ou seja, somos fortemente influenciados pelas nossas experiências anteriores e pelas emoções. A via 2 nos impõe análises e ponderações, com um maior rigor das funções executivas cerebrais.

Certamente o modo como funcionamos está intrinsecamente ligado à nossa adaptabilidade, por isso creio ser importante todos esses conceitos como forma de contextualizar o assunto.

Humor relaxado *versus* humor tensional

Em um estado de humor relaxado, não existem ameaças, pressões que justifiquem redirecionar atenção ou mobilizar esforços. Perante algum problema, o sistema 2 será recrutado a fim de ponderar e analisar esforços eminentes. A tensão cognitiva é afetada pelo esforço e também por demandas não cumpridas.

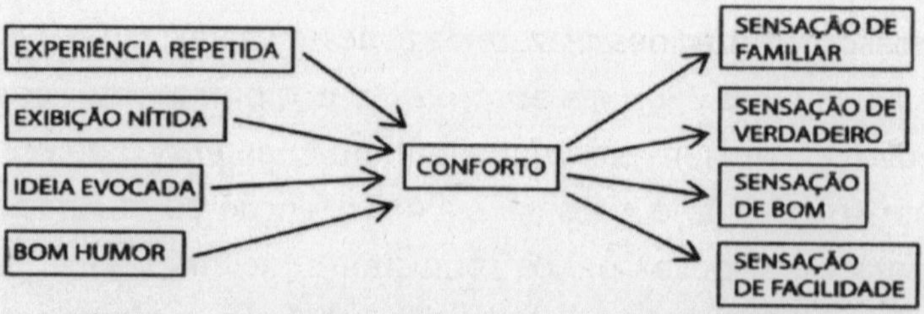

Figura 1 – Causas e consequências do conforto cognitivo

Fonte: Adaptada de Kahneman (2011, p. 79).

Interessante saber o quanto o conforto cognitivo interfere em nosso processamento mental. Como mostra a figura acima, trazendo como exemplo apresentar a alguém uma frase impressa de forma legível ou que foi repetida ou evocada, ela será processada fluentemente com facilidade cognitiva para qualquer um. *Inputs* e *outputs* diversos mantêm-se conectados ao conforto, isso exemplifica como o conforto cognitivo influencia o humor, que, por sua vez, interfere em nossas formas de pensar e acreditar mais no que ouvimos e vemos, além de nos levar a apresentar maior propensão a sermos relativamente casuais e superficiais nas coisas que pensamos. Já no estado mais tensional, o nosso comportamento se torna mais vigilante e desconfiado. O estado de alerta induz a menor probabilidade de erros, mas também ficamos menos intuitivos e menos criativos que o normal.

Estratégias cognitivas

Mundialmente vivemos em constantes mudanças no cenário sociopolítico, econômico e tecnológico, do qual deriva uma cascata de alterações sobre a forma como as coisas funcionam e/ou passarão a funcionar. Sendo assim, as mudanças organizacionais fazem parte desse contexto, são inevitáveis e muitas vezes necessárias para que as organizações se adaptem a um ambiente em constante evolução. No entanto, implementar mudanças pode apresentar diversos desafios e, para superá-los, conseguir articular estratégias de maneira rápida e eficaz se torna primordial.

Vejamos algumas habilidades cognitivas que podem auxiliar a lidar com esse panorama e também com as mudanças organizacionais advindas:

Competência adaptativa: pode ser traduzida como a capacidade do trabalhador de desenvolver novos conhecimentos e habilidades a partir dos que já domina, obtendo resultados eficientes com alta performance em situações novas e desconhecidas (Godoy; Mendonça, 2020). A competência adaptativa surge como a capacidade essencial para os profissionais direcionarem suas ações a fim de superar as demandas em constante evolução no ambiente de trabalho. Essa abordagem enfatiza a constante criação de novas competências, direcionando o foco do trabalhador do mero cumprimento das expectativas de desempenho previamente estabelecidas para uma melhor adaptação, mais dinâmica e com metas que se transformam ao longo do processo de trabalho. É importante destacar a relevância da autodeterminação ao vincular a competência adaptativa à satisfação das necessidades psicológicas básicas. No entanto, é preciso explorar os antecedentes organizacionais dessa competência. As relações com elementos como o estilo de liderança e outros recursos disponíveis no ambiente de trabalho são fatores que merecem atenção. A capacidade de liderar de forma adaptativa, ajustando seu estilo de liderança conforme necessário para apoiar a equipe em momentos de mudanças.

Resolução de problemas: é a capacidade de direcionar o foco para a solução, já que a tendência do ser humano é ficar preso no problema. Perguntas que normalmente são feitas quando o foco está no problema são "Por que isso está acontecendo comigo?", "Por que isso aconteceu comigo?", ou algo similar com sentido de se sentir injustiçado. É importante trocar por "O que eu vou fazer com isso que está acontecendo comigo?". Nesses momentos, perguntas de ordem prática são mais assertivas, como "Qual foi minha contribuição para essa situação?" ou "O que eu quero resolver?". Uma clara definição do problema é capaz de dar o direcionamento das ações futuras. A flexibilidade mental é uma forte aliada para a resolução de problemas, uma vez que facilita a adaptação diante de diferentes situações e em abordar os problemas de maneiras inovadoras. Procurar ser menos crítico é um exemplo para trilhar esse caminho.

Inteligência emocional: é o termo cunhado pelo psicólogo e jornalista científico Daniel Goleman em seu livro homônimo. Resumidamente, entendemos que a inteligência emocional é formada por um conjunto de competências relacionadas à capacidade de administrar de forma adequada as emoções. Atualmente, o termo mais comumente utilizado é regulação emocional, e os avanços da neurociência têm contribuído para a compreensão desse processamento. Você pode estar se perguntando como é possível lidar com emoções dentro de estratégias cognitivas. Parece um contrassenso, mas não é. Compreender e gerenciar as próprias emoções, bem como a capacidade de entender e se relacionar com as emoções dos outros, contribui para um ambiente de trabalho mais positivo, principalmente em fases de mudanças.

Visão estratégica: consiste em compreender a visão estratégica da organização e como as mudanças se alinham a essa visão para alcançar determinado objetivo. E, para o alcance sustentável desses objetivos, existe o caminho do atingimento de metas. Nessa fase, uma sugestão é utilizar a metodologia SMART. Tem esse nome por ser um acrônimo em inglês: S – específico; M – mensurável; A – atingível; R – relevante; T – temporal. Trata-se de uma ferramenta simples, e seu segredo reside no alinhamento de seus componentes de forma factível. Método também usado para a vida pessoal, visto que muitas vezes nos perdemos num mundo de tantas possibilidades.

Comunicação eficaz: essa é uma capacidade a ser treinada constantemente, pois se trata de investir na maneira de expor claramente as ideias e informações, facilitando o entendimento mútuo e a colaboração entre a equipe. Cabe ressaltar o modo dessa comunicação, sendo a assertiva como ideal, atentando para não usar o modo passivo-agressivo (ex.: falar de forma dissimulada) ou até agressivo, totalmente desnecessário. Creio ser interessante fazer um adendo aqui, avaliando também o lado de quem recebe a comunicação, afinal, estamos em constante troca de posição. É comum nos depararmos com situações na vida em que as falas se tornam complexas por motivos simples, e os melindres aparecem com certa constância. Um ambiente onde é preciso "pisar em ovos" o tempo todo passa a ser desgastante. É fato que em momentos de mudanças na vida nos tornamos mais suscetíveis, ainda mais quando ocorrem mudanças não esperadas. Aprecio o conceito trazido pelo autor Nassim Taleb em seu livro *Antifrágil: coisas que se beneficiam com o caos*, ou seja, usar o aparente caos e se fortalecer com ele. A adaptação cognitiva é fundamental para o sucesso das mudanças organizacionais, pois os indivíduos desempenham um papel crucial na implementação e na sustentação dessas mudanças. A promoção de uma cultura organizacional que valoriza a aprendizagem.

***Brainstorming* do problema**: essa é uma técnica antiga, inicialmente usada na área do marketing, porém o modelo é bem interessante pela perspectiva cognitiva. É literalmente uma "tempestade de ideias" a fim de gerar soluções de forma criativa e colaborativa (quando em equipe). Trata-se de uma excelente técnica para resolução de problemas. No momento em que escrevemos no papel, por exemplo, incentivamos o cérebro a buscar respostas. Essa atividade facilita na articulação de ideias, propiciando aquelas "fora da caixa" almejadas em muitas funções. É um verdadeiro exercício de flexibilidade cognitiva, ou seja, capacidade de pensar de formas diferentes a partir das trocas de ideias, aprendizados com os erros evidenciados.

Registro de sucesso e conquistas: esse tipo de registro, como se fosse um diário particular, pode ser semanal, mensal, desde que seja feito quando acontecimentos importantes ocorrerem, escrevendo com riqueza de detalhes como se sente no momento. Essa prática não só exercita a memória e a escrita (se for no papel, melhor ainda), como também ajuda a nomear as sensações positivas. Tendemos a guardar o negativo. Celebrar até as pequenas conquistas nos aproxima do objetivo maior e propicia um dia a dia mais leve, e naturalmente o olhar se volta para coisas boas, que também acontecem. O que isso tem a ver com melhora no trabalho? Tudo. Desde a visão de suas potencialidades até como facilitador nas relações interpessoais. Revisar periodicamente o registro de sucesso ajuda a refletir sobre o progresso ao longo do tempo e pode servir como um bilhete tangível do crescimento pessoal e profissional.

Como a TCC pode contribuir nos momentos de mudanças

A Terapia Cognitivo-Comportamental (TCC) se baseia na ideia de que nossos pensamentos, sentimentos e comportamentos estão interconectados, e isso pode oferecer benefícios significativos no ambiente de trabalho. Ela pode desempenhar um papel significativo na facilitação de uma adaptação positiva às mudanças na cultura organizacional. A TCC é uma abordagem terapêutica que se concentra em identificar e modificar padrões de pensamento disfuncionais e comportamentos inadequados. Quando aplicada no contexto organizacional, pode ajudar os indivíduos a lidar de maneira mais eficaz com as mudanças culturais. Essa abordagem trabalha com o conceito de crenças, pensamentos automáticos e como eles se articulam gerando os comportamentos de determinada forma. Nesse sentido, pode ser útil com algumas técnicas para contornar e ampliar as possibilidades para uma adaptação mais promissora, com menor número de efeitos colaterais possíveis e abrindo ainda a possibilidade de identificação de novas formas de atuação, afinal, o comportamento padrão está sendo confrontado.

Identificação e mudança de cognições negativas: a TCC ajuda as pessoas a identificar seus pensamentos negativos automáticos relacionados às mudanças organizacionais. Ensina estratégias para reestruturar esses pensamentos, trazendo uma perspectiva mais realista. Uma dessas estratégias é buscar evidências que apoiem os pensamentos negativos, que, na maioria das vezes, não existem. Na sequência, buscar um pensamento alternativo à situação, que também seria possível. Habituar-se em se questionar amplia sua visão de mundo e dos outros.

Fomento da autoeficácia: essa abordagem atua no fortalecimento desse quesito tão importante, a crença na própria capacidade de enfrentar desafios e realizar mudanças prósperas. Por meio de um trabalho colaborativo, incentiva a definição de metas alcançáveis e a celebração de cada conquista atingida. Ressalto que a autoeficácia é um dos pilares da autoestima, composta também por autoconceito, autoimagem e autorreforço. A TCC viabiliza ao indivíduo se apropriar de si mesmo, à medida que joga luz a esses elementos.

Gerenciamento de estresse e ansiedade: o estresse relacionado ao ambiente de trabalho é reconhecido por possuir causas multifatoriais, como elevada pressão por resultados, liderança inadequada ou inábil, ou pouco assistida também, práticas administrativas inapropriadas, más condições do ambiente físico de trabalho, jornada laboral excessiva ou indefinida e políticas instáveis na empresa (Santos; Wagner, 2006). A ansiedade derivada desse ambiente é consequência. Nesse contexto, a TCC apresenta algumas técnicas. Uma amplamente utilizada hoje em dia é o *mindfulness*, que enfoca a atenção plena ao momento presente, ao que estiver sendo feito, aliada a um controle de respiração, enfim, é uma prática meditativa sem cunho religioso. Ainda dentro das técnicas comportamentais para regulação emocional, existe a TIP, sigla em inglês para temperatura (segurar uma pedra de gelo ou uma xícara de chá quente), exercício intenso (corrida rápida, elevando a frequência cardíaca) e respiração ritmada – técnicas bastante úteis no manejo da ansiedade.

Esquiva de situações desconfortáveis: esse é o típico comportamento de quem permanece por longos períodos envolto nos mesmos problemas. Em algumas situações, é até prudente desviar; entretanto, nem sempre isso é possível, pois na escola ou no trabalho dificilmente podemos evitar o encontro com pessoas que provoquem fortes reações emocionais. O problema da evitação é que o medo se mantém. A TCC enxerga esse mecanismo como comportamento de segurança e trabalha no sentido de incentivar a tolerância perante situações desse tipo. Quando se fica na defensiva, o mundo vai ficando cada vez menor. O que fazer então? "Você tem que passar por isso para que isso passe" (Leahy, 2020, p. 166).

Adiamento constante de tarefas: esse hábito é conhecido como procrastinação. Adiar ações em um grau moderado é considerado comum muitas vezes, porém torna-se um problema quando impede o funcionamento normal do fluxo de trabalho (Carvalho; Malagris; Rangé, 2018). Entendemos que diante de problemas complexos as ações devem ser mais bem refletidas, então o adiamento faz sentido. Vamos dar um passo atrás: estamos motivados e ágeis para fazer o que tem que ser feito todos os dias? Claro que não. Mas, adultos que somos, fazemos assim mesmo. Temos recompensa imediata por fazer o que tem que ser feito naquele momento? Novamente, não. Entretanto, é esperado que um adulto entenda o quanto essa medida de tempo interfere no resultado da ação. A TCC atua, dessa forma, no sistema de crenças do indivíduo, a fim de identificar o que o leva a esse tipo de comportamento como evitação.

Aceitação: sim, esse momento cedo ou tarde chega. Existem mudanças que podemos postergar ou até evitar, mas assumimos as consequências de tal decisão. Outras ocorrem de maneira mais abrupta, sem tempo para ponderações. Então, o que resta fazer? Aceitar. Diante de eventos em que não há possibilidade eficaz de controle, a solução é não apresentar resistência para que eles venham e vão sem sofrimento adicional. Aceitação não é passividade, só empregada em momentos quando não se pode mudar os fatos. Tudo passa, tudo muda. Na prática, observar também comportamentos disfuncionais paralelos como reclamar, por exemplo, uma forma de não aceitar e não evoluir. A

TCC tem como fundamentação questões pertinentes ao que podemos mudar e o que está sob nosso controle, e apenas 1/3 das coisas podemos de fato controlar, ou seja, depende de nós. O restante depende dos outros e do mundo. Compreendendo isso, fica mais fácil escolher as batalhas que queremos enfrentar e as que deixaremos passar por opção consciente.

Preocupação com a opinião alheia: como dito, a convivência muitas vezes é imposta, entretanto, dar demasiada atenção às falas é uma escolha. Nosso conhecimento foi moldado pela interação com os outros e nosso comportamento é modulado por essas interações diariamente, aliadas aos conteúdos que consumimos e ao ambiente que mais frequentamos. O autoconhecimento resultante da via TCC pondera essas questões, as que são dos outros e as próprias e sua dinâmica frente aos desafios. Para finalmente clarear aquilo que deve ser feito, ou não, Peterson (2018, p. 169) orienta que se busque "o que é significativo, não o que é conveniente". A ideia apresentada pelo autor nos remete ao poder que a conveniência exerce em nós e à dificuldade que temos em superar essa oposição à significância. No ambiente de trabalho, isso fica claro na zona de conforto de um tipo de trabalho já bem conhecido e o quanto é desafiador e até angustiante em relação ao novo.

Informatização do trabalho: não poderia deixar de citar algo tão relevante que vem ocorrendo mais fortemente nos últimos 20 anos. Tudo nos parece tão rápido que nem parece que já tem todo esse tempo. Com as mudanças no meio laboral, os trabalhos começaram a exigir habilidades de processamento de informações e solução de problemas, habilidades essas ainda em fase de adaptação para muitos trabalhadores. É certo que tivemos um período de adaptação forçada durante a pandemia, e certamente houve um salto nesse sentido. A adaptação cognitiva então se tornou um valioso aditivo entre as competências requeridas. A técnica de exposição gradual utilizada pela TCC pode tanto minimizar essa adaptação às novas tecnologias quanto aumentar a familiarização dos indivíduos nesse novo contexto, bem como incluir atividades práticas e simulações para reduzir a ansiedade e aumentar a confiança.

Impacto de diferentes gerações no mesmo ambiente: as diferentes gerações em uma empresa podem ter impactos distintos quando se trata de enfrentar mudanças organizacionais. Essas diferenças estão relacionadas às experiências, aos valores, às expectativas e às abordagens para o trabalho que cada geração carrega consigo. Resistência às mudanças normalmente são encontradas em gerações denominadas Geração *Baby Boomer* (nascidos entre 1946 e 1964) e Geração X (nascidos entre 1965 e 1980), uma vez que estão acostumados com estruturas organizacionais tradicionais e mais verticalizadas. Por outro lado, as gerações mais jovens, como os *Millennials* (nascidos entre 1981 e 1996) e a Geração Z (nascidos entre 1997 e 2010), podem estar mais abertas a inovações e transformações. Ao enfrentar mudanças organizacionais, é crucial que os líderes compreendam as características específicas de cada geração em sua força de trabalho. Isso permite a implementação de estratégias de gestão de mudanças mais eficazes, promovendo a aceitação e o envolvimento de todos os membros da equipe. Mais uma vez, as técnicas da TCC apresentadas até aqui podem ser incorporadas ao modelo de gestão estratégica.

Envolvimento ativo no processo de mudança: é uma estratégia que se alinha com os princípios da TCC ao promover um senso de controle e engajamento. Controle no sentido do que é de sua responsabilidade e o que é possível ser feito através da autogestão e do senso de time. Uma comunicação aberta e treinamento personalizado são estratégias que costumam ser bem-sucedidas nessas fases. Quando a pessoa verdadeiramente se engaja na mudança, passa a se perceber nesse novo cenário, vencendo gradualmente as inseguranças, pois chega a hora de enfrentar as próprias limitações e buscar ajuda para saná-las. Surpreendente o que somos capazes de aprender e nos adaptar, como afirmou o professor Megginson numa conferência em 1963, na qual apresentou a sua interpretação da ideia central de *A origem das espécies, de Darwin: "Não é o mais forte que sobrevive nem o mais inteligente. Quem melhor se adapta às mudanças"*.

Enfim, é necessária a integração dos princípios da TCC ao contexto organizacional específico, considerando as necessidades e os desafios únicos de cada pessoa e da cultura organizacional em transformação. O apoio de profissionais treinados em TCC ou consultores organizacionais pode ser valioso nesse processo.

Referências

Carvalho, M. R. de, Malagris, L. E. N., & Rangé, B. P. (org.). (2018). *Psicoeducação em Terapia Cognitivo-Comportamental*. Porto Alegre: Sinopsys.

Godoy, M. T. T. de, & Mendonça, H. (2020). Inventário de competência adaptativa: adaptação e evidências de validade junto a trabalhadores brasileiros. *Revista Psicologia Organizações e Trabalho*, Brasília, v. 20, n. 1, 906-913.

Goleman, D. (1995). *Inteligência emocional*. Rio de Janeiro: Objetiva.

Kahneman, D. (2011). *Rápido e devagar: duas formas de pensar*. Rio de Janeiro: Objetiva.

Leahy, R. L. (2020). *Não acredite em tudo o que você sente*. Porto Alegre: Artmed.

Peterson, J. B. (2018). *12 regras para a vida: um antídoto para o caos*. Rio de Janeiro: Alta Books.

Sampaio, R. D. (2018). Linguagem, cognição e cultura: a hipótese Sapir-Whorf. *Cadernos do IL*. Porto Alegre, n. 56, 229-240.

Santos, L. P.; Wagner, R. (2006). Gerenciamento do Estresse Ocupacional: uma nova abordagem. *Simpósio de Excelência em Gestão e Tecnologia*. Rio de Janeiro. Anais [...]. Rio de Janeiro.

Taleb, N. N. (2020). *Antifrágil: coisas que se beneficiam com o caos*. Rio de Janeiro: Objetiva.

Tânia Regina Rosa – Graduada em Psicologia pela Universidade São Marcos, possui pós-graduação em Neurociência e Psicologia Aplicada pela Universidade Mackenzie e é especialista em Avaliação Psicológica pelo IPOG. Com experiência consolidada na área de Psicologia Organizacional e Clínica, Especialista em Terapia Cognitiva Comportamental, atendendo há 20 anos em consultório particular.

CAPÍTULO 10

Atmosfera do Trabalho Ético:

A Sutil Simbiose entre Integridade, ESG e a Cultura Organizacional

Ivan Sant´Ana Rabelo
Soraia Pena

"A integridade é a congruência entre o que pensamos, dizemos e fazemos.
É a base da confiança, fundamental para o bom funcionamento das relações humanas e das organizações."
Stephen M. R. Covey

Ao longo dos capítulos deste livro, tem sido reforçado sobre a Cultura Organizacional como conjunto de valores, crenças, comportamentos, comunicações, atitudes da liderança, normas e práticas compartilhadas por membros de uma organização. É uma parte fundamental da identidade de uma empresa e influencia a maneira como os colaboradores interagem entre si e com *stakeholders.*

Neste capítulo, trataremos a atmosfera do trabalho como referindo-se ao ambiente psicológico, emocional e social presente em uma organização ou local de trabalho. Essa atmosfera é moldada pela interação entre os membros da equipe, pelas práticas de gestão, pela cultura organizacional e por outros fatores que influenciam a experiência dos colaboradores durante o exercício de suas atividades laborais.

Uma atmosfera de trabalho positiva é caracterizada por aspectos como colaboração, confiança, comunicação aberta, reconhecimento, apoio mútuo e um senso compartilhado de propósito e valores. Por outro lado, uma atmosfera de trabalho negativa pode ser marcada por conflitos, falta de comunicação, desconfiança, estresse excessivo e falta de motivação.

A atmosfera do trabalho desempenha um papel crucial na satisfação dos colaboradores, no engajamento, na retenção de talentos, e também pode relacionar-se com a no desempenho organizacional. Uma atmosfera positiva pode promover o bem-estar, a criatividade e a produtividade, enquanto uma atmosfera negativa pode resultar em baixo moral, absenteísmo e diminuição da eficiência.

A cultura organizacional molda a atmosfera de trabalho, define o ambiente de colaboração e afeta a forma como as decisões são tomadas. Resumidamente, entre os elementos-chave que compreendem a cultura organizacional inclui-se:

- **Valores e crenças**: Os princípios fundamentais que a organização valoriza e pelos quais ela guia suas ações.
- **Normas e comportamentos**: Comportamentos esperados e aceitos dentro da organização. Isso inclui a maneira como as pessoas se comunicam, colaboram e resolvem conflitos.
- **Símbolos e rituais**: Elementos visuais, como logotipos, slogans ou práticas regulares que reforçam a identidade e os valores da organização.

- **Estrutura organizacional**: Como a organização está organizada e como as responsabilidades são distribuídas. Isso também influencia a cultura.
- **História organizacional**: Eventos e experiências passadas que moldaram a organização e contribuíram para a formação de sua cultura.
- **Comunicação interna**: A forma como as informações são compartilhadas dentro da organização, incluindo a transparência e a abertura para o diálogo.
- Entre outros elementos...

Compreender profundamente a cultura organizacional é um elemento indispensável para o progresso e prosperidade de qualquer empresa. Esta compreensão não é apenas uma necessidade administrativa, mas uma estratégia crucial que permeia todos os aspectos do ambiente de trabalho. A cultura de uma empresa tem um impacto direto e significativo no moral da equipe, criando um ambiente de trabalho onde os colaboradores se sentem valorizados e motivados.

A integridade desempenha um papel significativo na cultura organizacional, pois está intrinsecamente ligada aos valores fundamentais, ética e comportamentos esperados dentro de uma organização. A relação entre integridade e cultura organizacional pode ser observada de várias maneiras:

- **Valores compartilhados**: A integridade muitas vezes é um valor central em culturas organizacionais saudáveis. As organizações que valorizam a integridade esperam que seus membros ajam de maneira ética, honesta e justa.

- **Tomada de decisão ética:** Em uma cultura organizacional que promove a integridade, a tomada de decisão ética é incentivada e valorizada. Os líderes e colaboradores são encorajados a considerar não apenas os resultados finais, mas também o processo e os meios pelos quais os resultados são alcançados.
- **Confiança e credibilidade**: A integridade contribui para a construção de confiança e credibilidade, elementos essenciais em qualquer cultura organizacional eficaz. Quando os membros da organização agem com integridade, isso fortalece as relações internas e externas, promovendo uma atmosfera de confiança.
- **Conformidade com normas éticas e legais**: Organizações que valorizam a integridade geralmente estabelecem normas éticas e legais claras. A cultura organizacional incentiva os membros a aderirem a essas normas, agindo de maneira ética e em conformidade com as leis e regulamentações.
- **Responsabilidade individual e coletiva**: A integridade está relacionada à responsabilidade individual e coletiva. Em uma cultura que valoriza a integridade, os membros são responsáveis por suas ações e trabalham coletivamente para manter padrões éticos elevados.
- **Resolução ética de conflitos**: Uma cultura organizacional que valoriza a integridade promove a resolução ética de conflitos. Os membros são incentivados a abordar divergências de maneira ética, procurando soluções justas e transparentes.

A integridade, quando incorporada à cultura organizacional, não apenas promove um ambiente de trabalho saudável, mas também contribui para a reputação positiva da empresa, a retenção de talentos e o sucesso a longo prazo. Os líderes desempenham um papel ativo na promoção da integridade e na construção de uma cultura organizacional ética e transparente.

Atmosfera do trabalho: uma simbiose entre cultura organizacional e integridade

A interconexão entre integridade e cultura organizacional é um campo que deve receber atenção de profissionais da gestão de recursos humanos e psicologia organizacional. A integridade, entendida como a consistência entre valores proclamados e comportamentos observados, cria um alicerce sólido para uma cultura organizacional saudável.

Em um ambiente onde a integridade é valorizada e cultivada, os colaboradores são incentivados a agir de maneira ética, transparente e responsável. Essa consistência entre princípios e ações contribui para a formação de relações de confiança entre os membros da organização, criando um ambiente propício para o crescimento profissional e pessoal.

Organizações que cultivam uma cultura de integridade experimentam benefícios tangíveis. Um exemplo evidente é a melhoria no engajamento dos colaboradores. Colaboradores que percebem que a liderança e os colegas praticam a integridade tendem a se sentir mais conectados à missão da organização, aumentando a sua dedicação e satisfação no trabalho.

Além disso, a integridade contribui para um ambiente de trabalho mais colaborativo. Quando os valores compartilhados incluem a honestidade e a ética, os colaboradores se sentem mais confortáveis em compartilhar ideias, feedback e informações, promovendo uma comunicação aberta e eficaz.

Outro ponto relevante é o impacto positivo da integridade no desenvolvimento profissional. Em um ambiente onde os líderes e colegas demonstram consistentemente comportamentos éticos, os colaboradores são inspirados a seguir esses exemplos. Esse ambiente de aprendizado e crescimento mútuo é propício para o desenvolvimento de habilidades, aprimoramento de competências e progresso na carreira.

Para ilustrar, consideremos o caso de uma empresa que prioriza a integridade em suas práticas cotidianas. Nesse contexto, os líderes são transparentes sobre as decisões tomadas, mantêm uma comunicação aberta e encorajam a honestidade em todas as interações. Os colaboradores, por sua vez, sentem-se mais seguros para expressar suas opiniões, contribuindo para a inovação e a resolução colaborativa de problemas.

Por que as pessoas têm diferentes níveis morais?

De acordo com a teoria do desenvolvimento moral proposta em 1984 pelo psicólogo norte-americano Lawrence Kohlberg, o raciocínio moral desenvolve-se em três níveis, cada um mais adequado para responder a diferentes dilemas morais.

Aqui, objetiva-se apresentar os níveis morais propostos pelo referido autor, a partir de exemplos do dia a dia que remetem a dilemas associados ao desenvolvimento moral.

Cada um desses níveis é qualitativamente diferente do precedente, procurando representar um sistema de organização e julgamento mental, relacionado com a idade de forma global, mas, ainda mais especificamente, com o desenvolvimento cognitivo.

A essência da moralidade reside mais no sentido de justiça do que propriamente no respeito pelas normas sociais. A moralidade tem mais a ver com considerações de igualdade, de equidade, de contratos sociais e de reciprocidade nas relações humanas e menos com o cumprimento ou violação de normas sociais ou regras.

- A justiça é o princípio moral básico.

Então por que as pessoas têm níveis morais diferentes?

O uso da metodologia proposta por Kohlberg pode contribuir como um modelo de investigação por meio da apresentação de dilemas. A análise dos argumentos contribui para o entendimento do estádio de desenvolvimento moral em que uma pessoa se encontra. Vejamos alguns exemplos:

O **nível pré-convencional** ou pré-moral é típico da maioria das crianças até os 9 anos, alguns adolescentes e adultos. A criança sabe que existem normas sociais, coisas que se podem ou não fazer, mas estas normas permanecem externas. As normas são obedecidas por duas razões: evitar o castigo e satisfazer desejos e interesses concretos e individualistas, imediatos, pela recompensa que pode advir:

- Não deve roubar porque senão vai para a cadeia.
- Deve roubar porque senão a mulher zanga-se com ele por não ter dinheiro.

Já no **nível convencional**, típico da maioria dos adolescentes e adultos, as normas e expectativas sociais já foram interiorizadas. O justo e o injusto não se confundem com o que leva à recompensa ou ao castigo, mas definem-se com as normas estabelecidas na sociedade. A moralidade implica cumprir os deveres e respeitar a lei e a ordem estabelecidas. As necessidades individuais subordinam-se às normas sociais:

- Não deve roubar porque é proibido, é contra a lei.

No **nível pós-convencional**, no qual uma minoria de adultos faz parte e, em geral, só depois dos 20-25 anos, o valor moral depende menos da conformidade às normas morais e sociais vigentes e mais da sua orientação em função de princípios éticos universais, como o direito à vida, à liberdade, à justiça. As normas sociais devem ter subjacentes princípios éticos universais e, por vezes, pode haver contradição, impondo-se a necessidade de hierarquizar os princípios e as normas (moral *versus* legal):

- Tendo roubado o medicamento, o senhor Carvalho tem a atenuante de que estava a defender uma vida humana.

Por fim, os três níveis de moralidade podem ser concretizados no seguinte exemplo: **Por que não se deve roubar?**

- *Alguém pode ver e chamar a polícia (pré-convencional);*
- É uma questão de lei. Há leis que protegem as pessoas e as propriedades (convencional);
- É uma violação dos direitos humanos, neste caso, do direito de propriedade (pós-convencional).

É evidente que há valores universais, como o valor da vida, o respeito ao próximo, a solidariedade etc., aos quais quase todas as pessoas supõem aderir. Mas nem sempre o comportamento efetivo apresenta-se alinhado àquilo que é esperado da pessoa naquele momento, naquele contexto, naquela situação etc.

No entanto, compreender as tendências de racionalização diante de dilemas morais ou sociais pode ajudar as empresas, instituições e governos a direcionarem seus esforços para compreender a importância e o impacto que atitudes assertivas, éticas, comprometidas podem trazer para a promoção de maior bem-estar, justiça social e menor prejuízo financeiro.

A relação entre a "fibra moral" e as políticas de *compliance*

Com o advento do ESG (*Environmental, Social and Governance*) como um indicador crucial de desempenho e sustentabilidade organizacional, é essencial focarmos na Governança, representada pela letra 'G' no acrônimo. No entanto, antes de analisarmos os domínios da Governança, é importante explicar que o conceito de ESG começou a ganhar destaque no início dos anos 2000, impulsionado pela crescente conscientização sobre a importância de práticas sustentáveis e responsáveis nas empresas. Em 2004, a iniciativa foi formalmente introduzida em um relatório intitulado "*Who Cares Wins*", elaborado pelo Pacto Global das Nações Unidas em conjunto com instituições financeiras importantes, como o Banco Mundial. Esse relatório argumentava que incorporar fatores ambientais, sociais e de governança nos mercados financeiros levaria a melhores resultados de mercado e a uma sociedade mais sustentável. Importante ressaltar que a Governança abrange todos os aspectos legais e regulatórios pertinentes às organizações, exigindo o estabelecimento de um sólido processo de *compliance* para gerenciar e mitigar riscos. Esses riscos estão relacionados a pelo menos oito domínios legais: trabalhista, ambiental, tributário, financeiro, concorrencial, criminal, regulatório, anticorrupção e aqueles associados a terceiros que mantêm interações com a organização.

Dito isso, aprofundaremos nossa discussão das políticas de *compliance* que suas empresas estão desenhando, implantando ou revisando. O termo *compliance* em inglês, traduzido ao pé da letra como conformidade, pode muito bem ser entendido como políticas de integridade, que se estabelecem para reger as relações corporativas com fornecedores, clientes, governo e demais atores com quem as empresas se relacionam.

Basicamente, de forma bem resumida, *compliance* refere-se ao conjunto de práticas, políticas e procedimentos adotados por uma organização para garantir que suas atividades estejam em conformidade com as leis, regulamentações, normas internas e externas, além de padrões éticos aplicáveis ao seu setor de atuação. O objetivo é assegurar que a organização opere de maneira ética, legal e em conformidade com os requisitos que regem suas atividades.

Alguns elementos-chave do *compliance* incluem:

- **Legislação e regulamentações**: Garantir que a organização esteja ciente e cumpra as leis e regulamentações aplicáveis ao seu setor e às regiões em que opera.
- **Normas internas**: Desenvolver e implementar normas internas e códigos de conduta que orientem o comportamento ético dos membros da organização.
- **Treinamento e conscientização**: Proporcionar treinamento regular para os colaboradores, visando a conscientização sobre as políticas e práticas de *compliance*.
- **Monitoramento e controle**: Estabelecer processos para monitorar e controlar continuamente as operações da organização, identificando e corrigindo possíveis violações de normas ou leis.
- **Investigação e resposta a violações**: Desenvolver procedimentos para investigar alegações de não conformidade e implementar ações corretivas quando necessário.
- **Gestão de riscos**: Avaliar e gerenciar os riscos associados às atividades da organização, implementando medidas preventivas

O *compliance* desempenha um papel crucial na preservação da reputação da empresa, na redução de riscos legais, na prevenção de fraudes e na promoção de uma cultura organizacional ética. Muitas organizações têm departamentos de *compliance* dedicados e controles internos robustos para garantir o cumprimento das normas e regulamentações aplicáveis.

Focando especificamente em um dos oito domínios acima mencionados, a Lei Anticorrupção no Brasil (Lei 12.846, de 1º de agosto de 2013) destaca-se por tratar da responsabilização administrativa e civil de pessoas jurídicas por atos lesivos à administração pública, tanto nacional quanto estrangeira. Essa legislação reforça a necessidade de práticas robustas de Governança para garantir a conformidade e a integridade das operações empresariais, promovendo um ambiente corporativo ético e responsável.

É notável a escassa conscientização, na maioria das empresas brasileiras, por parte dos administradores e colaboradores, acerca da possibilidade de enfrentarem responsabilização criminal pelos ilícitos praticados em nome ou em benefício da organização. Em muitos casos, há uma falta de entendimento sobre as graves consequências legais e reputacionais que podem advir de práticas inadequadas ou ilícitas. Este cenário sublinha a importância de um comprometimento estratégico dos *stakeholders* e o risco de responsabilização dos administradores como principais impulsionadores da concepção de uma metodologia robusta para elevar o comprometimento com a Governança, *Compliance* e Gestão de Riscos, ou seja, com a integridade corporativa.

No entanto, é essencial que se considere que as relações corporativas são essencialmente relações entre pessoas, conduzidas pelos colaboradores da empresa. A implementação de políticas de Governança e *Compliance* não se limita apenas a questões legais e regulamentares, mas também abrange as interações diárias entre os profissionais da companhia. Isso inclui como eles se relacionam entre si, com a administração e com todos os elementos que compõem a organização, como seus ativos, sistemas e propriedade intelectual.

Uma abordagem eficaz de Governança e *Compliance* deve, portanto, integrar uma cultura organizacional que promove a ética, a transparência e a responsabilidade em todos os níveis. Programas de treinamento e conscientização contínuos são cruciais para assegurar que todos os colaboradores compreendam suas responsabilidades e o impacto potencial de suas ações. Além disso, deve-se estabelecer mecanismos claros e acessíveis para a denúncia de condutas inadequadas, garantindo a proteção e o anonimato dos denunciantes.

A título de curiosidade, podemos relatar casos públicos como o da Petrobras. A gigante petrolífera brasileira passou por um dos maiores escândalos de corrupção da história, conhecido como "Operação Lava-Jato". A falta de uma cultura robusta de Governança e *Compliance* levou a perdas financeiras massivas e danos irreparáveis à reputação da empresa. Como resposta, a Petrobras implementou uma série de reformas de Governança e *Compliance*, incluindo a criação de um Departamento de Conformidade e novos procedimentos para assegurar a transparência e a responsabilidade.

Importância das políticas internas

Essas políticas não só visam a conformidade legal, mas também promovem um ambiente de trabalho saudável e produtivo. Elas abrangem desde a proteção dos ativos e da propriedade intelectual da empresa até a promoção de um ambiente de trabalho seguro e respeitoso. As relações internas entre os profissionais da companhia são cruciais, pois são os colaboradores que executam as políticas e processos da empresa. Um ambiente de trabalho que valoriza a integridade e a ética contribui para a retenção de talentos e a criação de uma cultura organizacional positiva.

Definitivamente, a integridade não se refere exclusivamente ao quanto as pessoas são honestas e honradas, pois, fora de contexto, (quase) todos os profissionais se declararam portadores de tais virtudes. Mais do que isso, todos genuinamente acreditam que são. Vamos tomar um exemplo fictício, evidentemente, mas totalmente verossímil:

Ana, uma executiva extremamente dedicada, trabalha em média 12 horas por dia, de segunda a sexta, e frequentemente dedica seu fim de semana ao trabalho, sempre no melhor interesse da sua empresa. Ana é responsável por liderar uma equipe de desenvolvimento de software em uma empresa de tecnologia. Ela participa de diversas viagens a negócios para reuniões com clientes e parceiros internacionais.

Mesmo ocupando um cargo de diretoria, Ana prefere não contar com um assistente pessoal e realizar suas próprias reservas de passagens pelo sistema interno de viagens da empresa. Para acumular pontos em seu programa de fidelidade preferido, Ana opta por emitir todas as suas passagens por essa companhia aérea, mesmo que isso signifique escolher opções um pouco mais caras em relação às alternativas mais econômicas disponíveis em cada reserva. Caso isso resulte em um custo adicional de 200 reais por trecho nacional e 400 reais por trecho internacional, Ana faz com que sua empresa gaste pelo menos 17 mil reais a mais por ano com suas viagens.

Ana não é desonesta e nem tem plena consciência do impacto financeiro que suas escolhas têm para a empresa, uma vez que sempre mantém seus gastos de viagem dentro do orçamento disponível, economizando entre 15% e 20% em relação à previsão. Ela justifica suas ações com base na organização e antecedência com que emite suas passagens, além de considerar que é razoável poder usufruir de viagens de qualidade com sua família durante as férias. Ana acredita que essas experiências pessoais também obedeceram para sua conduta quando está fora do período de férias. Ela também menciona que diversos outros executivos da empresa seguem a mesma prática e foi seu próprio diretor, quando Ana começou na posição de gerente, que a incentivou a acumular pontos em programas de fidelidade. Ana não se importa em escolher os voos mais baratos oferecidos pela companhia aérea de fidelidade, mesmo que essas opções tenham horários menos oferecidos ou conexões indesejadas. Ela também se beneficia de seu status de passageira frequente, o que lhe garante *check-in* prioritário e acesso a salas VIP, facilitando seu tempo de trabalho enquanto está em trânsito.

No entanto, é importante ponderar se todas as justificativas colocadas por Ana são válidas ou se ela está racionalizando suas ações. A avaliação da integridade de uma pessoa não se baseia apenas em sua honestidade, mas também em como ela racionaliza suas atitudes.

Nesse caso, Ana pode estar operando em diferentes níveis de desenvolvimento moral:

- **Nível pré-convencional**: Ao afirmar que suas escolhas estão de acordo com as regras da empresa e que é razoável usufruir de viagens com a família durante as férias, Ana está refletindo o pensamento desse nível.
- **Nível convencional**: Quando Ana argumenta que outros executivos da empresa seguem a mesma prática, revela que está racionalizando suas ações nesse nível.
- **Nível pós-convencional**: Quando Ana menciona a organização antecipada de suas viagens e a economia em seu orçamento, bem como os benefícios de seu status como passageira frequente, ela está racionalizando suas ações com base em princípios em que acredita, como a responsabilidade com os recursos da empresa e o valor de sua produtividade.

A história de Ana no contexto corporativo ilustra como a pressão por resultados e o desejo de aproveitar certas vantagens pessoais podem influenciar as decisões de um profissional. No entanto, é fundamental que Ana esteja constantemente refletindo sobre suas ações e encontrando um equilíbrio entre as necessidades da empresa e integridade ética, a fim de tomar decisões fundamentadas e éticas em seu ambiente de trabalho.

Joana, uma engenheira extremamente engajada com sua profissão, trabalha com afinco de segunda a sexta e frequentemente dedica algumas horas do seu fim de semana ao trabalho, sempre no melhor interesse da indústria em que atua. Joana é responsável por liderar um projeto de desenvolvimento de novos produtos, buscando constantemente inovação e qualidade.

Para cumprir as metas de lançamento de novos produtos, Joana muitas vezes precisa tomar decisões difíceis. Por exemplo, em determinadas situações, ela pode optar por utilizar materiais de qualidade um pouco inferior ou adotar soluções provisórias para garantir a entrega dentro do prazo estabelecido. Joana sabe que essa abordagem compromete um pouco a qualidade dos produtos, mas argumenta que é necessário atender às demandas do mercado e manter a competitividade da indústria.

Joana racionaliza suas ações pensando no bem maior da empresa. Ela acredita que, ao lançar os produtos no prazo, está confiante para o sucesso da indústria como um todo, gerando empregos e garantindo a satisfação dos clientes. Além disso, ela argumenta que os produtos ainda estão dentro dos limites aceitáveis de qualidade e que os compromissos feitos são temporários e necessários para atender às demandas do mercado.

No contexto do desenvolvimento moral, Joana está operando principalmente no nível convencional. Ela está se orientando pelas normas e pressões sociais presentes na indústria, que valorizam o cumprimento dos prazos de lançamento, mesmo que isso signifique comprometer um pouco a qualidade dos produtos.

No entanto, em alguns momentos, Joana também demonstra traços do nível pós-convencional. Ela reflete sobre as consequências de suas ações e questiona se está agindo eticamente. Joana pondera sobre a importância de manter altos padrões de qualidade e buscar encontrar um equilíbrio entre as demandas do mercado e a integridade ética.

Carlos é um engenheiro talentoso que trabalha em uma grande indústria automobilística. Ele é responsável por supervisionar a produção de uma linha de montagem de veículos. Carlos é conhecido por sua dedicação e habilidade em identificar e resolver problemas técnicos complexos.

No entanto, há um desafio que Carlos enfrenta regularmente: o cumprimento de prazos de produção. A pressão para entregar os veículos no prazo é intensa, pois a indústria automobilística é altamente competitiva e qualquer atraso pode resultar em perdas significativas para a empresa.

Para garantir que uma linha de montagem esteja sempre funcionando no ritmo necessário, Carlos ocasionalmente precisa tomar atalhos ou soluções temporárias que não estão de acordo com os padrões de qualidade ideais. Por exemplo, ele pode permitir que alguns componentes com pequenos defeitos passem no controle de qualidade para evitar atrasos na produção.

Carlos justifica suas ações pensando no bem maior da empresa. Ele acredita que, ao cumprir os prazos de produção, está garantindo a estabilidade financeira da indústria e, consequentemente, dos empregos de seus colegas de trabalho. Além disso, ele argumenta que os veículos ainda estão dentro dos limites aceitáveis de qualidade e que os defeitos são mínimos.

Em termos de desenvolvimento moral, Carlos está operando principalmente no nível convencional. Ele está se orientando pelas normas e pressões sociais presentes na indústria, que valoriza a entrega dentro dos prazos, mesmo que isso signifique comprometer um pouco a qualidade.

No entanto, em alguns momentos, Carlos também demonstra traços do nível pós-convencional. Ele reflete sobre as consequências de suas ações e, em seu íntimo, questiona se está agindo eticamente. Ele pondera sobre a importância de manter altos padrões de qualidade e pondera sobre o impacto de suas decisões no consumidor final.

Carlos está constantemente em um dilema moral. Ele sabe que suas ações podem ser consideradas questionáveis do ponto de vista ético, mas também se sente protegido a cumprir os prazos e metas defendidas pela indústria. Ele tenta equilibrar esses dois aspectos, procurando sempre encontrar soluções que minimizem os atrasos sem comprometer demais a qualidade do produto final.

A história de Joana e Carlos ilustra como a pressão por resultados e a competição acirrada podem influenciar a forma como os profissionais tomam decisões. Embora sua motivação seja manter a empresa competitiva e garantir a segurança dos empregos, é importante que ambos reflitam continuamente sobre suas ações e encontrem maneiras de conciliar as exigências do mercado com a integridade ética.

É evidente que há valores universais, como o valor da vida, o respeito ao próximo, a solidariedade etc., aos quais quase todas as pessoas supõem aderir. No entanto, compreender as tendências de racionalização diante de dilemas morais ou sociais pode ajudar as empresas a poupar muito dinheiro.

Em seu livro *The Honest Truth About Dishonesty: How We Lie to Everyone – Especially Ourselves*, o pesquisador Dan Ariely, da Universidade de Duke, aponta que as informações reportadas de maneira levemente superestimada pelos clientes das seguradoras gera um custo anual de 24 bilhões de dólares. No Brasil, o economista Cláudio Frischtak conduziu um estudo na Inter.B que concluiu que o custo do superfaturamento de obras de infraestrutura no país de 1970 a 2015 totaliza R$ 2,1 trilhões de reais em valores corrigidos pela inflação.

A publicação deu origem ao documentário *(Dis)Honesty The Truth About Lies*, produzido pela Netflix. Em sua pesquisa, Dan Ariely analisa as razões que levam as pessoas a cometer pequenos ou grandes deslizes, de acordo com suas próprias fibras morais. A fibra moral pode ser definida como a determinação de fazer o que se considera certo. As pesquisas feitas por Dan Ariely e seu grupo no *The Center for Advanced Hindsight*, na Universidade de Duke, mostram que as pessoas fazem coisas que consideram erradas, de acordo com suas próprias fibras morais. A racionalização de suas ações dentro de determinados contextos e situações cria uma lógica na qual o indivíduo guarda certo afastamento dos atos antiéticos que comete, esticando a sua fibra moral.

Refinando o exemplo, se for uma força de trabalho de estoque e almoxarifado, serão necessárias ações como câmeras de vigilância, revistas, proibição de entrar com bolsas etc., para que se evitem pequenos (ou grandes) furtos. Do ponto de vista do Recrutamento e Seleção, a empresa pode decidir contratar profissionais nos níveis convencional e pós-convencional para compensar o *turnover* da área, e direcionar investimentos ao fortalecimento dos princípios elencados em seu código de ética, em sua cultura. Outro exemplo: para uma área comercial com grande peso das comissões no pacote de remuneração, a empresa pode preferir contratar pessoas no nível pré-convencional, em que se orientar por reciprocidade pode ser canalizado para a busca da recompensa individual.

Trabalho ético também está relacionado a agir constantemente no melhor interesse da empresa. Um colaborador que cumpre sua carga horária, mas não se dedica ao trabalho em boa parte deste período, não está roubando algo físico da empresa, mas está se eximindo de sua responsabilidade fiduciária com seu empregador, que lhe paga integralmente o salário. O que pode levar este profissional a uma maior produtividade pode ser algo diferente, dependendo do modo como essa pessoa racionaliza suas atitudes em relação à compreensão, do ponto vista moral, de suas atitudes. Os programas de ambientação e integração de novos colaboradores pode ser direcionado à melhor maneira de cada um manter firme no trabalho a sua fibra moral.

É importante reforçar que pessoas nos três níveis de desenvolvimento moral elencados por Kohlberg podem ser extremamente honestas. Um político ou um diretor de uma grande empresa pública condenada por conta da Operação Lava-Jato pode ser uma pessoa no nível convencional, que se orienta pela atitude de seus pares. Longe de ser um argumento ingênuo, uma pessoa dessas pode ter sido totalmente honesta até certo ponto de sua carreira, o ponto em que começou a entender como normal o que lhe parecia estranho um pouco antes.

As pequenas "vistas grossas" ou conivências podem ter iniciado o processo de esticar a fibra moral, veio a primeira vantagem pessoal, o salário do serviço público é bem menor do que se pode ganhar "de outra maneira", todo mundo faz e assim se cria uma realidade própria na qual não é tão errado o que a própria pessoa reconhece depois como um grave crime. E se essa pessoa fosse um político ou empresário na Suécia? Será que suas probabilidades de ir parar na cadeia seriam as mesmas?

Sackett e Wanek, desde 1996, já apontavam que as atividades contraprodutivas são entendidas como comportamentos intencionais que ameaçam o bem-estar da organização, pois a desonestidade dos colaboradores é considerada um grave problema encontrado nas corporações há décadas (Baumgartl et al., 2009).

Dada a relevância e todo empenho das organizações em desenvolver seu código de conduta, políticas internas, com as responsabilidades, deveres, regras e, sobretudo, promover uma cultura organizacional adequada e saudável para a empresa, espera-se que os colaboradores se orientem, a partir deste código, no como devem agir para manter conformidade com as leis e padrões éticos da corporação.

Em tempo, reforça-se que a interseção entre integridade e cultura organizacional é papel crucial na gestão e no comportamento organizacional. A integridade, representando a coerência entre valores professados e comportamentos observados, emerge como um fator crítico para a criação e manutenção de uma cultura organizacional saudável.

Exemplificando, as organizações que incorporam a integridade em sua cultura experimentam níveis mais elevados de comprometimento dos colaboradores. Em uma visão longitudinal com empresas de diversos setores, foi constatado que aquelas que valorizam a integridade como um princípio fundamental observaram um aumento significativo na dedicação e lealdade dos colaboradores, contribuindo para um ambiente de trabalho mais produtivo e positivo.

Outro exemplo notável é o impacto da integridade na gestão de crises. Empresas que cultivam uma cultura de integridade estão mais bem equipadas para enfrentar desafios imprevistos. Ao observar casos de organizações que lidaram com crises de reputação, percebe-se que aquelas que haviam estabelecido uma base sólida de integridade foram capazes de lidar com a situação de forma mais eficaz, reconstruindo a confiança dos clientes e minimizando danos.

Em uma perspectiva prática, considere uma empresa de tecnologia que coloca a integridade no centro de suas práticas organizacionais. Os líderes desta empresa são conhecidos por tomar decisões éticas, comunicar-se de maneira transparente e promover um ambiente de trabalho inclusivo. Como resultado, os colaboradores se sentem inspirados a contribuir proativamente, pois confiam na liderança e na integridade subjacente às operações diárias.

Em uma análise mais abrangente, as organizações do setor financeiro que adotam medidas rigorosas de *compliance* e integridade constroem uma cultura que permeia todas as camadas hierárquicas. Essa cultura cria um ambiente no qual os colaboradores são incentivados a buscar a excelência profissional, com treinamentos regulares sobre ética e integridade, fortalecendo não apenas o desempenho individual, mas também a reputação coletiva da empresa.

Esses exemplos ilustram como a integridade, quando incorporada à cultura organizacional, transcende os aspectos teóricos e se manifesta de maneira tangível no ambiente de trabalho. A pesquisa e as práticas exemplares convergem para afirmar que a integridade não é apenas uma palavra de ordem, mas uma força transformadora que impulsiona o desenvolvimento dos colaboradores e a resiliência das organizações diante dos desafios dinâmicos do mundo empresarial.

Por fim, destaca-se que fomentar uma postura profissional honesta e ética, em todas as interações, pode contribuir para o fortalecimento de uma Cultura Organizacional saudável. Entre alguns passos para essa transformação organizacional, estão:

- Comprometer-se com as normas e regulamentos, independentemente do contexto ou da presença de vigilância, promovendo uma cultura organizacional que valorize o cumprimento irrestrito das normativas.
- Buscar orientação da supervisão direta sempre que houver dúvidas sobre a conduta adequada, alinhando-se com os valores da empresa.
- Tratar todos os colegas com respeito, reconhecendo a igualdade de direitos a um tratamento digno e respeitoso, nutrindo, assim, uma cultura organizacional inclusiva.
- Rejeitar qualquer forma de discriminação ou assédio, promovendo um ambiente de trabalho que reflete os princípios de uma cultura organizacional saudável e respeitosa.

- Eliminar brincadeiras que evidenciem características desfavoráveis dos colegas, contribuindo para a manutenção de um ambiente de trabalho positivo e alinhado com a empresa.
- Abster-se de usar informações confidenciais em benefício pessoal ou compartilhá-las sem autorização e, também, respeitar a privacidade alheia, evitando acessar ou utilizar informações pessoais sem permissão.
- Contribuir ativamente para a preservação de informações confidenciais e ativos, evitando perdas, roubos ou desperdícios, alinhando-se com os princípios de eficiência e responsabilidade.
- Evitar mentiras, falsificações ou manipulações de informações, tanto internamente quanto em relação a clientes externos, garantindo transparência e honestidade.
- Zelar pelo estabelecimento de um ambiente de trabalho seguro e saudável, cumprindo as políticas e procedimentos de segurança e saúde, consolidando os valores propostos pela área de recursos humanos.
- Corrigir ou reportar imediatamente situações que possam representar riscos à saúde, segurança ou ao meio ambiente, reforçando a responsabilidade coletiva preconizada pela organização.
- Cultivar relações comerciais éticas, negociando com honestidade com clientes, fornecedores e concorrentes, alinhando as práticas comerciais com os valores da empresa.

- Conhecer e agir com respeito e integridade em relação a clientes, parceiros de negócios, intermediários ou agentes, fortalecendo os laços interpessoais e a reputação almejada pela organização.

Considerações Finais

Em suma, a integridade é um catalisador essencial para uma cultura organizacional saudável. À medida que os valores éticos permeiam a estrutura da empresa, os colaboradores se beneficiam de um ambiente que favorece o crescimento, a colaboração e a realização pessoal e profissional. A integridade não é apenas um componente da cultura organizacional, ela é a força propulsora que impulsiona a empresa em direção a um futuro sustentável e bem-sucedido.

Nas organizações, o sistema de normas, condutas, valores, atua como auxiliar na resolução dos conflitos e nas tomadas de decisões, na medida em que propicia uma organização de princípios e normas que ajudam na escolha entre as alternativas possíveis, alinhado aos objetivos centrais da organização. Pode funcionar como uma estrutura mental coletiva disponível quando ocorrem situações, que pode orientar e conduzir os diferentes conjuntos de valores de que o indivíduo dispõe em prol da organização.

Portanto, cientes das contribuições que a investigação de características associadas à integridade pode promover para o aumento de comportamentos produtivos, assertivos e éticos no ambiente de trabalho, convidamos você leitor para uma reflexão sobre quais características têm sido avaliadas por sua empresa na seleção de candidatos, na promoção e desenvolvimento de seus profissionais, na promoção da diversidade e inclusão, nos indicadores de ESG para promover a perenidade do negócio e preservar a reputação da organização.

Referências

Baumgartl, V. O., Nascimento, E., Patrick, C. J., Arvey, R. D. & Krueger, R. F. (2009). Integridade e externalização: estudo exploratório em uma amostra de estudantes de psicologia. *Psico-Usf*, 14 (3), 299-308.

Baumgartl, V. O. & Primi, R. (2005). *Contribuições da avaliação psicológica no contexto organizacional*. São Paulo: Casa do Psicólogo.

Craig, S. B., & Smith, J. A. (2000). Integrity and personality: A person-oriented investigation. In 15th *Annual Conference of the Society for Industrial and Organizational Psychology*, New Orleans, LA.

Lei 12.846, de 1º de agosto de 2013. Presidência da República. Casa Civil. Subchefia para Assuntos Jurídicos. Disponível em: http://www.planalto.gov.br/ccivil_03/_ato2011-2014/2013/lei/l12846.htm

Mikulay, S. M. & Goffin, R. D. (1998). Measuring and predicting counterproductivity in the laboratory using integrity and personality testing. *Educational and Psychological Measurement*, 58, 768-790.

Murphy, K. R. & Lee, S. L. (1994). Does conscientiousness explain the relationship between integrity and job performance? *International Journal of Selection and Assessment*, 2(4), 226-233.

United Nations Global Compact. Who Cares Wins: Connecting Financial Markets to a Changing World. 2004. Disponível em: https://www.ifc.org/wps/wcm/connect/14e6f568-10a9-439e-b9c2-c4b2dba7f32c/WhoCares-Wins_2004.pdf?MOD=AJPERES&CVID=jkD13iG

Petrobras em meio à corrupção: um estudo de caso. *Revista Brasileira de Administração*, 2017.

Ryan, A. M., Schmit, M. J., Daum, D. L., Brutus, S., McCormick, S. A., & Brodke, M. H. (1997). Workplace integrity: Differences in perceptions of behaviors and situational factors. *Journal of Business and Psychology*, 12, 67-83.

Sackett, P. R., & Wanek, J. E. (1996). New developments in the use of measures of honesty, integrity, conscientiousness, dependability, trustworthiness, and reliability for personnel selection. *Personnel Psychology*, 49, 787-829.

Soraia Pena – Psicóloga pela Universidade de Taubaté, com Especialização em Gestão de Pessoa, Liderança, Carreira e Coaching pela PUCRS e Neurociências aplicadas ao Comportamento e Desempenho pelo IPOG, Certificação em Gerenciamento do Stress pela ISMABR e em Chief Happiness Officer pelo Instituto Feliciência, com outras certificações e formações complementares em áreas correlatas, destacando-se na Psicodinâmica do Trabalho pela USP, Atualização em Transtornos Mentais relacionados ao Trabalho IPQ FMUSP e Saúde Mental nas Organizações pelo Centro de Estudos do Hospital Israelita Albert Einstein. Docente pelo SENAC, COGEAE PUC SP e convidada pela FGV.

Dr. Ivan Sant'Ana Rabelo – Psicólogo. Doutor em Ciências pela Univers. de São Paulo (USP). Mestre em Psicologia pela Univers. São Francisco (USF). Pós-doutorado em Psicologia do Trabalho pela Univers. Federal de Santa Catarina (UFSC). Diretor de Pesquisa e Inovação na Editora NILAPRESS. Atuação em construção e adaptação de testes psicológicos e escalas. Professor em programas de pós-graduação em Psicologia. Experiência em Recursos Humanos com ênfase em treinamento e desenvolvimento, orientação de carreira e saúde do trabalhador. Pesquisador e membro do Grupo de Estudos Olímpicos – GEO (USP). Autor de testes psicológicos e livros.